W0250815

Philipp Brucker · *Schlaudrikauz*

Philipp Brucker

Schlaudrikauz

Geschichten und Erinnerungen in alemannischer Mundart

Zeichnungen von Herbert Jäger

Moritz Schauenburg Verlag · Lahr/Schwarzwald

2. Auflage 1987
© Moritz Schauenburg Verlag, 7630 Lahr/Schwarzwald
Gesamtherstellung Moritz Schauenburg GmbH & Co. KG
Graphischer Großbetrieb, Lahr/Schwarzwald

ISBN 3-7946-0242-0

Zum Gedenken an meinen Bruder

Meinen drei Schwestern zum Dank

Was drinne steht:

Vorwort

SCHLAUDRIKAUZ – ein Wort, das neugierig macht und fasziniert zugleich. Es kommt aus dem Quell unserer alemannischen Mundart, auch wenn es nicht mehr allzu viele kennen. Das ist es ja, was uns so bedrückt: immer tiefer sinken viele Mundartbegriffe in die Vergessenheit. Bald wird sie niemand mehr an das Tageslicht hervorholen. Wir werden sie für immer verloren haben. Deshalb seien sie hier noch einmal ausgebreitet samt jenem Schlaudrikauz, der für mich in der Titelgeschichte zu einem Symbol des Lebens wird.

Geschichten will ich in diesem Buch ausbreiten und mit ihnen den Jahreszeiten folgen, damit Erinnerungen wach werden und längst Vergessenes wieder gegenwärtig ist. Beim Niederschreiben habe ich erlebt, wie ich mit meiner Kindheit gerade noch in eine Zeit hineinragte, die uns allen heute schon wie ein Traum erscheint. Dabei weiß ich, daß der Traum vieles verklärt und daß die Erinnerung manches Bittere zudeckt. Dennoch ist es für mich fast unwirklich, wie sehr sich die Welt in diesen sechs Jahrzehnten gewandelt hat. Ich habe sie in einer kleinen Stadt, dann in den Turbulenzen von Krieg und Nachkriegszeit und schließlich wieder in der nun etwas größer gewordenen kleinen Stadt erlebt. Ich will bemüht sein, die Waage zwischen dem Nachdenklichen und dem Heiteren einigermaßen im Gleichgewicht zu halten, denn manche Heiterkeit ist ohne das Nachdenken nur eine leere Hülse.

Wie bei meinen anderen Mundartbüchern auch, schreibe ich den niederalemannischen Dialekt, das »Lohrerditsch« meiner Heimatstadt, mit jener Kompromißbereitschaft, die das Schriftbild dem der Schriftsprache so annähert, daß die Lesbarkeit gefördert wird. Wer in der Mundart daheim ist, wird ohne Schwierigkeiten dort »schteht« lesen, wo ich »steht« schreibe und auch »Diärli«, wenn ich »Tierli« formuliere. So het drno jeds Tierli sin Pläsierli, un am End soll alles jo au e bissili e Schlaudrikauz sin!

Übrigens: das Foto aus Alt-Lahr, das wir für die Gestaltung des Schutzumschlages ausgewählt haben, zeigt einen liebenswerten architektonischen Schlaudrikauz. Allerdings ist der idyllische Winkel inzwischen verschwunden. So bleiben auch hier nur die Erinnerungen.

Lahr, im Herbst 1986 Philipp Brucker

Friähjohr

Im Garde steht min Epfelbaum,
'r isch vum Bliehje miäd.
E Amsel pfifft-em uf sin Traum
Mit ihrem Summerliäd.

Schlaudrikauz

Manchmol schiint mr 's Lewe wiä-n-e Schlaudrikauz, het einer zue mir gsait un i hab-ne ganz vrstuhnt angluegt. Drno isch mr awer sell Gschichtli ingfalle, sell wo unser Vadder manchmol uns Kindr vrzehlt het. In sellem Gschichtli isch's au um dr Schlaudrikauz gange. Do hawi gmerkt, daß seller Mann mit sinnem Vrglich gar nit so unräscht geht het.

Minner Vadder isch lang vor-em erschte Weltkriäg als Lehrbue bi dr Muurer gsin. Si hänn in-eme Herr drowe-n-am Berg e Huus baut. Friäh morges hänn si angfange, demit si ball Gluscht uf e Veschper ghet hänn. Des Veschper het minner Vadder drunte-n-im Städtli in dr Metzig un bim Beck hole miän. Jedr vun dr Muurer het-em gsait, was'r im bringe sott. Drno isch dr Lehrbue mit-em Schubkarre loszoge. Seller Muurer het e Wädli welle, dr andr e Schwartemage. Dr Polier het's meh mit-eme Sauwedili ghet un widr anderi hänn meh Schwarzwurscht oder gar e Pärli Servila welle. Dr eind het e Rämbe Brot bekomme, dr andr e Weckli. Seller e Laibli Wisses un dr nägscht e Moggel vun sellem schwarze Kummis, seller wo mit dr Soldate Inzug in's Städtli un in d'Bachstuwe ghalte het. Nit daß'r meine, minner Vadder isch als Lehrbue jetz schnuerstracks mit-em Schaltkarch voller Wurscht un Fleisch un Brot un Weckli widr dr Berg nuftrottelt. Ha nai! Der het jo au noch e Veschperli brucht. Geld het e Lehrbue domols jo keins ghet. Un 's Brot, des wo-n-em d'Mueder mit uf d'Baustell gänn het, sell het-em nit immer grad so gschmeckt.

Deswege isch'r mit-em Karre hintr sellere große Muur stehnbliewe. Selli Muur het nit bloß Schatte gänn, sundern au gholfe, daß niemeds dr Lehrbue gsehne het. Schnell hetr alli Babierli ufdrillt un het vun jedem Veschperli e Stickli abgschnitte. Dert e Zipfili Schwarzwurscht, driwe-n-e Möggili Schwartemage. Jetz noch e bissili vum Wädli un au e Schiibli vun dr guete Fleischwurst. Vum Wedili un vun dr Servila hetr jo nit guet ebbis abschniide könne. Sell hätt mr drno doch gmerkt. Noch e Moggel Brot uf d'Sitt, alles widr schön inpackt un nix wiä mit-em Karre dr Berg nuf an d'Baustelle.

Dert hänn d'hungrige Muurer schun gwartet un hänn im Lehrbue diä guede Veschperli fascht us dr Hand grisse. Dr Lehrbue, seller wo vil später unser Vadder wore-n isch, het sich still uf d'Sitt druckt. Dert isch'r uf e großer Sandstein ghuckt un het au mit-em Veschpere angfange. E Zittlang isch des guet gange. Eines Tags awer het dr Schmalmuurer, wiä si zue sellem käsige Kerli gsait hänn, ums Eckli numgluegt, tirekt im Lehrbue uf sinni diversi Veschperli. Mit große Auge hetr uf selli Fetzili vum Schwartemage, uf selli Zipfili vun dr Schwarzwurscht, uf selli Schiibli vun dr Wädli un selli Bröckili vun dr Fleischwurscht mitsamt sellem Rämbe Brot glotzt. Immer größer sin sinni Auge wore. Drno isch'r e bissli an dr Lehrbue nagruckt, het uf's Babier mit sellem guet gmischelte Veschper dittet un het gsait: »Heidebritsch! Was hesch denn du do fir e Schlaudrikauz!«

Vun dert isch des Wort bim Lehrbue hänkebliewe. Au wo-n'r vieli Johre später unser Vadder wore-n-isch, hetr des Wörtli nit vrgesse. Will's en doch dran erinnert het, was sell isch, was mr im Schatte vun-ere große Muur ganz hälinge zammemischelt, daß-es eim guet schmeckt un Kraft git fir zum Schaffe-n-un fir zum Lewe: e Schlaudrikauz.

Isch-es denn nit meischt so, daß de des un sell gmischelt bekommsch, daß de dr do un dert des un sell abschniide derfsch un daß de dir manchmol ebbis hälinge holsch, des was eigentlig dr andere ghört? Drno spiersch, wiä des alles zämme ebbis git, was de eifach lewe muesch. No nimmsch denne Schlaudrikauz vum Lewe und vrdrucksch-ne, obr dir schmeckt odr nit.

So isch's au sellem Mann gange, seller wo emol fir e paar Däg ins Frankrich gfahre-n-isch. 'r het ebbis erlewe un au ebbis Guets esse welle. Sell mit-em Esse isch gar nit so eifach gsin. Am erschte Owend hetr im-e guete Restaurang eifach emol uf d'Kaart ditte, will'r jo nit Französch könne het. Dr Ower het alles ufgschriiwe un het-em des Esse mit-em erschte, em zweite un mit-em dritte Gang noch un noch brocht. 's het dem Mann guet gschmeckt un'r isch zfriede gsin. Am nägschde Dag hetr zum Middagesse 's glichlig Experiment gmacht. Wider hetr uf d'Kaart ditte, um sich iwerrasche z'lehn. Wo selli Iwerraschung uf dr Tisch komme-n-isch, hetr zum Ower gsait: »Mussjöh! Des isch jo dr glichlig Schlaudrikauz wiä geschtert.« Dr Ower het numme gsait: »Nix vrstehn«, un het-ne mit sinnem Schlaudrikauz hucke lehn. Do hetr us Verzwiflung noch emol 's Glichlig vrdruckt un het sich am nägschde Dag schnell e Dikschionär kauft. Jetzt het sogar dr Ower kapiert, was'r zum Naachtesse welle het. So kann eim e Dikschionär helfe, daß mr widr us-em Schlaudrikauz nuskommt.

Dr Muulwurf

I hab e Muulwurf im Garde. 's könnt au e Scheermus sin, het einer gsait, der wo sich diä Dreckhiffli angluegt het. Si däte-n-im als Muulwurfshigel nit so räscht gfalle, hetr gmeint un het mit-em Kopf gwackelt. Gueter Mann, hawi denkt, mir gfalle si au nit. Am Hag bi dr Rose het dem Muulwurf sinni Wiählerei angfange. Quer durch's Gras sin diä Higel wiä an-ere Kett ufgreiht gange. Jede Morge isch e neiji Perl us Dreck an dere Kett ghängt.

Dr Muulwurf mueß us-em Garde vun minnem Nochber komme sin. Sitr e paar Däg lacht mi seller nämlig so vrdruckt an, wenn'r mr uf-em Trottwar begegent. Manchmol kann i sehn, wiä-n'r driwe mit sinnere Frau am Salatland steht un wiä si sich bim Inspiziäre freije, daß nirgends meh e Muulwurfshigili isch. Dodrfir hab ich jetz dr Brägel. Un ei Huffe newe-n-em andere.

Nit daß'r meine, ich dät denne Muulwurf jetz mit Fiir un Flamm vrtilge odr dät gar uf-ne schiäße odr mit dr Stechschufel noch-em steche, wiä des manchi mache. Selli basse dr Moment ab, wo dr Muulwurf vun unte z'stosse-n-anfangt un dr Dreck russchleidert. Nai, mir lebt dr Muulwurf guet. Bloß sott-r halt nit in minnem Garde lewe. Bim Nochbr isch's doch au schön, odr amend nit?

Ich hab gwißt, was z'duen isch. I bin jede Owend un manchmol au schun friähj am Morge an dr allerletscht Muulwurfshigel ghuckt un hab gwardet, bis sich drunte-n-im Bode ebbis riähre duet. Wo-n-i denkt hab, daß dr Kaib jetz drunte-n-in sinnem Gängli in minnere Nähdi isch, hawi angfange mit minnere Bschwörung. I hab d'flache Händ iwer dr Bode ghebt, bis d'Fingerspitze d'Grashälmli beriährt hänn. Drno hawi d'Auge zuegmacht

un hab ganz liislig gsait: »Liäwer, gueder Muulwurf! Sei doch so brav un geh widr zruck zum Nochber, vun sellem wo de herkomme bisch. Lueg, seller het so schöner, griäner Salat un bstimmt au Schneckli dran, selli wo dir so guet schmecke. Un-im Nochber sinni Frau het Angscht vor dir un kommt dr bstimmt nit so noht, daß dr ebbis bassiärt. Komm, geh jetz, daß selli dert driwe au e kleini Freid hänn!« Zum Abschluß vun minnere Bschwörung hawi noch mit dr Fischt uf dr Bode bämmert, demit dr Muulwurf drunte-n-au spiirt, daß-es mir ernscht isch.

Ihr glauwe's nit, ihr liäwi Litt, ihr glauwe's villicht nit. Awer geschtert z'Owe hawi gsehn, daß dr Muulwurf ganz khäb am Hag zum Nochber e Huffe ufgworfe het. Morge isch's sowit, hawi denkt, un hab mr d'Händ griewe.

Am nägschde Morge bin i gli nus in dr Garde. Was hawi gsait! Dr Muulwurf isch wider driwe bim Nochber gsin un het dert sinn erschtr Huffe ins Salatland prakdiziärt ghet. Ganz liislig bin i wider ins Huus gschliche un hab mr selwer gratuliärt. Jetz kann i im Nochber wider ins Gsicht ningrinse, wenn i-ne uf-em Trottwar triff. So-n-e Glick, des wo mr sich selwer gschenkt het, mueß mr geniäße, nit wohr?

Griändunnerschtig

An jedem Griändunnerschtig hets ebbis Griäns zum Middagesse gänn miän. Wahrschiints isch des us Reverenz vor-em Namme vun dem halwe Fiirdig so gsin. Manchmol het d'Großmueder mich zum Kramer-Gärtner gschickt ge griäner Salat z'hole. »'s isch des Friähjohr schu schön warm«, het si gsait, »do wurd dr Kramer dr erscht Salat han.«

Im Kramer sinni Gärtnerei isch bi dr Stadt vorusse dert gsin, wo si jetz alles abgruhmt un e Kindergarde hinbaut hänn. Dert het dr Kramer hintere Muur mit-eme Bretterhag owedruf sinni Friähjbeeter ghet.

Un in dänne Beeter dr erscht Kopfsalat vun dr ganze Stadt. Iwer jeds Salatköpfli hetr e Glasglock gstilpt. Wiä n-e Gugelhupfform het so-ne Glock usgsehn. D'Friähjohrssunn het uf diä Glock brennt un het im Salat unterem Glas schön warm gmacht, daß'r schneller gwachse isch.

Dr Kramer isch e bruddliger, awer au e knitzer Kaib gsin un'r het don, wiä wenn'r eim gar nit vrstehn dät. »Was isch?« hetr immer wider gsait un het d'schrumplig Hand an sin Ohr ghebt. »I soll in dr Großmueder zwei Köpfli Salat hole«, hawi briält, un schun hetr wider d'Hand ans Ohr ghebt. Der het des jo numme so gmacht, um uns Kinder z'vrepple. Uf eimol hetr glacht, wiä wenn'r eim sage wott, daß'r's jetz endlig kapiärt het. Drno isch'r in sinni Bretterbudi gschlurpft un het 's klein Messerli gholt. Er isch mit eim zue einem vun selle lange Länder, het so-ne Glasglock ufghebt un het mit-em Finger priäft, ob dr Salat schun e feschts Köpfli ghet het. »Guet«, hetr gsait un het dr Salat ganz unte-n-am Bode abgschnitte. »Guet«, hetr nomol gsait un het dr Salat gege d'Sunn ghebt, wiä wenn'r sellere Dankschön sage dät.

D'Großmueder het sich gfreit, wämmer dr Salat brocht un e schöner Grueß vum bruddlige Kramer-Gärtner gsait het. »Do wurd dr Großvadder morge spicke«, het si gsait un mir Kinder hänn uns au gfreit, will si uns e Fimferli fir's Kommissionemache gschenkt het.

Mir hänn jo in sellere Zitt noch kei griäner Salat kauft. »Der isch no z'dier«, het d'Mueder gsait, »do däte mich minni fimf Kinder jo arm esse.« Deswege het si manchmol am Griändunnerschtig Griäßpfludde gmacht. Wenn's des gänn het, hätts vun mir us au hagle un dundere un blitze könne. Schlimmer wiä Griäßpfludde isch so-ne Dunderswetter au nit gsin. 's git jo Litt, diä wo d'Griäßpfludde gern esse. Minni Schwestere sin samt minnere Mueder vun sellere Sort gsin. Dr Vadder het meh noch-em Broodis gluegt. Awer seller hets am Griändunnerschtig nit gänn.

»Hitzedags bruchsch keini Griäßpfludde meh uf dr Tisch bringe. Wer ißt schu so ebbis?«, hawi zue-n-ere Frau gsait. Selli het gli ufbegehrt. Ihr Mann dät nix iwer Griäßpfludde komme lehn, het si gmeint. »Nit immer Knöpfli un Amlett«, dät'r als sage. »Mach wider emol Pfludde!« Des isch ihr Rezept drfir: 250 Gramm Griäß, e halwer Liter Milich, e vierlig Liter Wasser, e Ei odr au zwei, e Priis Salz, vier Eßlöffel Weckmehl un vier Eßlöffel Fett, meischtens nimmt si Anke oder au Schmalz.

Jetz kann's losgehn. Z'erscht duet mr Milich, Wasser un Salz mischle un im-e Hafe zum Koche bringe. Drno loßt mr dr Griäß dussmah ninriisle, daß-es jo keini Böllili git. Immer fescht rumriähre, bis mr e dicker Bäbb het. In selle duet mr d'vrklepperte Eijer ninziäge. 's Weckmehl wurd jetz in vil Fett gröstet. In des heiß Fett duet mr e Eßlöffel nintauche un sticht demit vom Griäßbäbb d'Pfludde ab. Diä Pfludde wäre in d'heiß Pfann gsetzt un dert noch e bissili brägelt. Schun kammer si uf dr Tisch bringe.

Zue dr Pfludde kammer griäner Salat, Spinat, Biireschnitz oder au Epfelmus esse. Manchi esse si sogar mit Surrkrutt, wider anderi mit Zwetschge. E Nochberi het mr verrote, daß si d'Griäßpfludde mit Kracherli abschmelze duet und drno ihrem Mann Suurkirsche drzue serviärt. Do het eini, wo uns zueghört het, glacht un het gsait, daß si drheim Amelbeere zu dr Suurkirsche sage däte. »Nix do«, het do einer gmeint, »bi minnere Mueder hänn si Suurgriäsili gheiße.« Do kammer wider sehne, wiä schön unseri Mundart isch un wiä si vun Dorf zu Dorf sogar mit dr Kirsche oder dr Griäse fir d'Griäßpfludde schangschiärt. Wenn ich ganz vrdruckt vor dr Pfludde ghuckt bin, het minni Mueder gfrogt, wägeworum i denn nit esse dät. »Will i si nit gern iß!«, hawi gsait. Do het d'Mueder glacht un het jedsmol gsait: »Drno issesch si halt ungern gern!«

So ähnlig isch's au minnem Freind gange. Wo-n'r us dr Fremdi wider emol heim uf Bsuech komme isch, het-em sinni Mueder vor lutter Freid Griäßpfludde zum Middagesse uf dr Tisch gstellt. Minner Freind het e Britsch gmacht und het d'Läfze hänke lehn. D'Mueder isch ganz vrstuhnt gsin. »Bue«, het si gsait, »du hesch doch als Kind diä Pfludde immer so gern ghet.« Do het minner Freind glacht un het gsait: »Waisch Mueder, domols hawi au noch keini Zähn ghet. Jetz hewe mr diä Pfludde uf bis uf selli Däg, wo-n-i wider keini Zähn hab.« Si het au glacht un het-em schnell e paar schöni Amlett bache. Mei, diä hänn zue dr Biireschnitz gschmeckt!

Dr Osterhas

Was het sich unseri Mueder Miäh gänn, uns fimf Kinder z'bewiese, daß-es dr Osterhas git. Des het si sowitt triewe, daß si am End bigoscht iweral Eijer glegt het.

Sell mit-em Chrischkindli isch jo kei Problem gsin. Wenn's emol angfange het mit schneie un dr Newel d'Baim un d'Berg het vrschwinde lehn, drno hämmir Kinder gli glaubt, daß jetzt dr Niklaus zamme mit-em Belznickel drusse-n-im Wald dr groß Schlitte usstaffiärt, will'r im Uftrag vum Chrischkindli in d'Stadt het welle. 's Chrischkindli selwer het sich ankindigt. Zwei Woche vor Wihnachte sin jede Morge Zuckerbrötli fir uns Kinder uf-em Fensterbrett glege. Des isch dr Bewiis drfir gsin, daß 's Chrischkindli unseri Wunschzeedel ›am Fenster gfunde ghet het.

Mit-em Osterhas isch des ebbis ganz anders gsin. Sellem hesch doch keini Wunschzeedel schriewe könne. Manchmol hets in dr Woch vor Ostere so gschneit, daß dr Osterhas keini Schangse ghet het, ebbis im Garde z'vrsteckle. Änneweg het d' Mueder unentwegt vum Osterhas vrzehlt un het sogar behauptet, daß si-ne schun emol drusse-n-im Feld het hopple sehn. »Sell isch e richtiger Has gsin«, hämmir Kinder briält un d' Mueder het gfrogt, ob dr Osterhas e falscher Has sin dät.

Am nägschde Morge noch dere Dischkeriärerei sin uf eimol Ostereili us Schoklad uf-em Fensterbrett glege un hänn glitzert un glockt. Genau dert sin si glege, wo als im Winter 's Chrischkindli d'Zuckerbrötli hinglegt het. Immer meh sin sonigi Haseböllili uftaucht un mir Kinder sin unsicher wore. Ob's nit doch e Osterhas git?

Schun isch des Osterrätsel ufglöst wore. Am Sunndignomiddag het d'Sunn so schön gschiine, daß dr Vadder gsait het, mir däte alli spaziäre gehn. Mir sin am Alde Berg dr Waldweg entlang un hänn glacht un gschwätzt. Drwielschd uns dr Vadder in e Frogerei verwickelt het, isch d' Mueder e bissli vorus gange. Langsam hämmer si wider ingholt un si het behauptet, daß si ebbis gfunde ghet het. Do het schu d'eind Schwester gjuchzgt, het sich buckt un het uf-em Waldbode e schokladigs Osterei ufghebt. Jetz simmir alli usgschwärmt un hänn au gsuecht un gfunde. Alli paar Schritt isch e Eili im Wald glege. Mir hänn wider iwer dr Osterhas dischkeriärt, seller wo schu so noht an d'Hiiser komme-n-isch, daß mir jetz do sinni Eili finde. Villicht sott mr änneweg an-en glauwe, het eins vun uns Kinder gmeint.

Jetz het dr Vadder wider mit uns z'käsperle angfange un d'Mueder isch wider vorusgrennt. Uf eimol het minner Brueder briält, er dät jetz dr Osterhas au sehne. »D'Mueder dert vorne het d'Eier glegt«, het'r behauptet un minni ältscht Schwester het ganz trucke gsait: »Des isch doch klar, daß d'Gluckeri d'Eier legt. Oder hesch schun emol erläbbt, daß des dr Guller macht?« Dr Vadder het sich schnell rumdrille miän, daß mir nit gsehn hänn, wiä-n'r kiddert. Drno hämmer d'Mueder ingholt un hänn-ere gsait, daß mir jetz wisste, daß-es kei Osterhas nit git. »So«, het si bloß gsait, »so. Drno kann'r jo an dr Ostere nit zue-n-ich in dr Garde komme.« Do hämmer biddelt un beddelt, daß'r komme sott, will mr änneweg an-e glauwe däte.

Am Ostersunndig het d'Mueder in dr Garde miän, drwielschd dr Vadder uns Kinder in dr Stubb bändigt het. Am Chrischtowend isch dr Vadder in d'gued Stubb, het d'Kerze am Chrischbaum anzindet und het mit-em silwrige Glöckli gschellt. An Ostere het sich alles im Garde abgspielt, un im Garde het d'Mueder 's Kommando ghet. Jetz isch si rinkomme in d'Stubb, het dr Schurz ruszoge un het glockt: »Gagak, gagak, dr Has het glegt – im gähle Ecke, im griäne Eck! Gagak, gagak!« Mir sin nusgstirmt un hänn hinter jedere Heck, in jedem Struch un in dr Blätter vun dr Blueme gluegt. »Kalt! Kalt!« het d'Mueder gsait. Do hesch gwisst, daß de d'Richdung ändere muesch. Uf eimol het dr Vadder: »Heiß! Heiß!« briält. Awer 's het schu kleppert ghet. D'Mueder isch mittle in selli schön Bluemevas dappt, selli wo dr Vadder fir si extra uf-em Gschirrmärkt kauft ghet het. »Handgemalt« isch uf-em Bode gstande, wo dr Vadder d'Scherwe rumdrillt het. »'s macht nix«, het d'Mueder gsait, »i bäbb si wider zamme!« Drno het si im Vadder e Schmutz gänn, will si sich doch so arg iwer diä kaputtig Vas gfreit het.

Eimol simm-er in-e Buurehus im Riäd zum Hasjage inglade wore. Dert hets kei »Gagak« gänn. Dert het dr Osterhas hinte-n-im große Grasgarde pfiffe. Wo mir in dr Garde gstirmt sin, isch dert bigott e räschter, wisser Osterhas durch's Gras ghopst un het sich vun uns Kinder infange lehn. Ich hab grad noch gsehn, wiä d'Biiri selli Trillerpfiff in dr Schurzsack gsteckt het, mit sellere wo si vorhin fir dr Has pfiffe ghet het. Minner Brueder het denne lewige Has uf dr Arm gnumme. Minni Schwester isch schnell doherkomme, het denne liäwe Has gstreichelt un het gsait: »Jetz glaub i wider an's Chrischkindli!«

Kirscheplotzer

Manchi bi uns sage au »Griäse« zu dr Kirsche. Wämmir Lohrer awer e Plotzer mache, drno isch des fir uns e »Kirscheplotzer«. Wenn d'Baim voll mit Kirsche hänke, drno isch sellem sinni Zitt komme. Fir uns Kinder isch des friähjer ebbis ganz bsunders gsin. Do hesch nit numme esse derfe, do hesch bim Esse au noch Wettkämpfli ustrage könne.

Wenn d'Mueder gnue alts Brot bisamme ghet het un dr Großvadder im Kratte schöni, schwarzi Kirsche us sinnem Garde brocht het, drno isch dr Kirscheplotzer gmacht wore. Mr het des Brot gröschtet un griewe oder au in Schiibli in Milch un Wasser ufgweicht un het's drno mit Butter un Zucker, Eierschnee un vil Kirsche vrmengelt. Noch Haselnusse drunter un e bissili Griäsewässerli drzue un schun isch alles in e irdini Form komme. Jetz het mr des bache un het denne Plotzer drno warm uf dr Tisch brocht. Mir hänn Kaffee drzue trunke.

Wenn jeder e Stick uf-em Teller ghet het, isch's losgange. Mr mueß wisse, daß mir domols diä Kirsche nit usgsteint hänn. Nai, d'Kirsche mit dr Steiner hänn jo zum bsundere Vrgniäge ghört. In dr Mitti vum Tisch isch e großer Teller fir d'Steiner gstande. Dert hesch drno dr Stein, wenn de-ne mit-em Löffel us-em Muhl brocht hesch, hinleije solle. So umständlig hämmir Kinder des nadierlig nit gmacht. Mir hänn dr Stein so lang im Muhl rumdrillt, bis'r ganz frei vum Fleisch gsin isch. Drno hämmer d'Lippe gspitzt un hänn dr Stein in hohem Boge derthin gspeit, wo dr Teller gstande-n-isch. Dr Vadder het des jo nit gern gsehne. Fir uns awer het des Spiel eifach zum Kirscheplotzer ghört. Eimol hets minner

Brueder sogar fertigbrocht, daß-r sinner Stein minnere Schwester ins Muhl gspeit het, sell wo si grad sperrangelwitt ufgsperrt het. Do het si ghiilt un dr Vadder het mit dr Hand usgholt.

»Duen mr jo keini Steiner schlucke!« het d'Mueder immer wider gsait. »Do kamm'r Buchweh kriäge un wenn's ganz lätz isch, blibbt dr Stein im Blinndarm hänke un mr mueß operiärt wäre!« Änneweg isch immer mol wider einer dr Hals nab in dr Buch grutscht. Drno hämmir gwartet, ob'r in dr Blinndarm geht.

Sellere Naihjeri isch kei Stein in dr Blinndarm gange. Selli isch wieder emol im Kundehuus ge naihje gsin. Do het's zum Middagesse e Kirscheplotzer gänn. D'Naihjeri het ihri Steiner schön an dr Rand vum Teller glegt. Wo's Esse rum gsin isch, hänn d'Kinder diä Steiner zehlt un eins het gsait: »Achtzeh Kirsche het si g'esse!« Des het d'Naihjeri unter dr Tür grad noch ghört.

E paar Woche später isch d'Naihjeri wider im Huus gsin, un wider het's Kirscheplotzer gänn. Wart, eich kriäg i, het d'Naihjeri woll denkt un het alli Steiner gschluckt. Wo 's Esse rum gsin isch, het si uf ihre Teller ditte un het wiä im Triumpf gsait: »So! Jetz könne-n'r zehle!« D'Kinder hänn Muhl un Nas ufgsperrt un hänn d'Naihjeri mit Beduuris angluegt. Selli isch awer nit ins Krankehuus komme. Bi dere sin d'Steiner nit in dr Blinndarm g'wandert.

Schnellerli

Was isch unseri Mueder froh gsin, wenn d'Sunn schun im zittige Friähjohr d'Vögel het lustig pfiffe un d'Tulpe us-em Bode het spickle lehn. Drno isch endlig Schluß gsin mit-em Rawose im Hus. »Gehn nus uf d'Gaß oder in dr Garde un duen Schnellerli spiele!« het si kummediärt. Des Kommando isch fir uns Kinder 's End vum Winter gsin.

Manchi sage jo »Murmeln« zue dr Schnellerli, will des an selli Marmle us Marmor erinnert. In andere Gegende spiele d'Kinder Ribbling oder Klickerlis oder mit dr Erdekiigili. Fir uns sin selli brennde Tonkiigili, selli wo au farwig angmolt gsin sin, Schnellerli gsin. Wahrschiints hänn si so gheiße, will mr diä Kiigili mit dr Finger gschnellt oder gschnäppert het.

Was isch des fir e Vrgniäge, fir e Lache, e Briäle un manchmol au e Händle un e Hiile gsin! Schnellerlispiele, des isch mitten-im Kinderland so gsin, wiä wenn's Lewe e bissili mit Sunneschiin un mit-eme Schatte ninspickelt. Do hesch sogar d'Charaktere kennelehre könne, so wiä si sich später wirklig entwickelt hänn. Do isch seller Bue gsin, seller wo mit Schnellerli un Glaskiigili so guet het rechne könne, daß mr gspiirt het, der wurd später emol e Banktirekter. Oder seller ander, seller wo's vrstande het, ganz hälinge e paar Schnellerli us-em Löchli z'raiwere. Vor sellem hesch di später in Acht nämme miän. Un sell Maidli dert, sell wo immer so-n-e truurigs Gsichtli gmacht het, will-em nix, aber au gar nix het glinge welle. »Diä kriägt emol kei Mann« het einer vun dr Schnellerlispieler zu mir gsait. So isch's drno au komme. Selli ander awer, selli wo gjuchzt un glacht un mit dr Schnellerli gschneppert het, wiä wenn des alles numme-n-e Spauz sin dät, selli isch später au so vrgniägt durch's Lewe zoge, selli het bi jedem schwere Dag eifach mit dr Finger gschneppert un het uf d'Sunn gwardet.

Fir des Schnellerlispiel het's bsunderi Regle gänn. Do sin emol d'Kugle und d'Kiigili gsin. Drno sin erscht d'Kleinste in dem System komme, ewe d'Schnellerli. Schnellerli sin Kiigili us Ton oder us Leime gsin. Selli wo bim Brenne vrgrote sin, hämmer Leimkrucke gheiße.

So-n-e Schnellerli het im Schnellerlisystem »eins« golte. Fir kleini Glaskiigili hesch fimf Schnellerli kriägt. Größeri Glaskugle hänn zeh oder au zwanzig Schnellerli golte, un e ganz großi Glaskugel het hundert Schnellerli brocht. Manchi Glaskugle sin undurchsichtig gsin. Diä het mr d'Milchige gheiße. Diä sin nit ganz so wertvoll gsin wiä selli klare Glaskugle, selli wo innedrinne farwigi Odere ghet un griän un blau un gähl un rot gschimmert hänn. D'Raritäte sin d'Achätli gsin. Des sin us-em Achat gschliffini Kiigili oder Kugle gsin, diä wo mr bsunders guet het ufhewe un au bewache miän. Mr het si erscht zum Insatz brocht, wenn's gar nimmi anderscht gange-n-isch. Eh mr si brocht het, het mr handle miän. »Was biätsch fir des Achätli?«, het mr gfrogt un hets uf dr Hand präsentiärt. Drno het dr Mitspieler zwei Glaskiigili un e großi Glaskugel botte. Nix isch mit dem Handel gsin. Do hetr schu noch ebbis meh biäte miän. So isch dischkeriärt un botte un botte un ghandelt wore, wiä bi dr Große an dr Börsi. Plötzlig het drno einer in sin Schnellerlisäckli glangt un het e Achätli mit wisse Odere im helle Blau ruszoge, daß mr 's Muhl ufgsperrt hänn. Jetz hänn alli angfange in ihre Schnellerlisäckli z'wuehle, ob si nit noch ebbis Schöners finde däte. Ebbis was nomeh giltet. Selli Schnellerlisäckli hänn uns d'Miädere us karriertem Stoff gnaiht ghet. Do isch e schöni Ladung Schnellerli un Kiigili ningange. Meischtens hämmer diä Säckli im Schuelerranze au in d'Schuel mitgnumme, demit mr in dr Paus hänn spiele könne.

Des Schnellerlispiel het mr schnell glehrt ghet. Zum Glick sin domols no nit alli Stroße asphaltiärt gsin, will's jo kuhm Auto gänn het. Jetz het mr uf dr Stroß oder miintwege au uf-em Wegli im Garde e Löchli bohrt. Des het miän so groß sin, daß ebene zwanzig Schnellerli un Kiigili drinne Platz ghet hänn. Zwei oder drei Schritt zruck vun dem Schnellerliloch isch e Strich zoge wore. Des isch selli Grenz gsin, selli wo mr nit het iwertrette derfe. Dr erscht Spieler het sich an dem Strich ufgstellt un het e Schnellerli oder e Kiigili in Richtung vum Löchli gschmisse. Wenn'r's tirekt ins Loch ningworfe het, het'r nomol werfe derfe. Wenn's Schnellerli usserhalb leijebliewe isch, drno isch dr nägscht Spieler drankomme. Seller het entweder vrsuecht, sin Schnellerli ins Loch z'schmisse oder 'r het uf's Schnellerli vum andere zielt, sell wo dert in dr Nähdi vum Löchli glege-n-isch. Wenn'r des Schnellerli troffe het, het mr gsait, si hänn »kitscht«.

Wenn alli ihri Schnellerli gschmisse ghet hänn, isch 's Spiel widerscht gange. Jetz het mr sich nab uf dr Bode ghuckt oder het sich so buckt, daß mr 's Schnellerli het schnäppere könne. D'einde hänn mit-em Zeigefinger, selle wo si in dr Duume ingspannt hänn, gschnäppert, d'andere mit-em Duume. Uf alli Fäll het mr schnäppere miän. Selli wo's Schnellerli eifach mit dr Hand gschowe hänn, hänn e Knubber kriägt, will des doch vrbotte gsin isch.

Immer nähder het mr 's Schnellerli oder 's Kiigili an's Löchli gschnäppert, bis mr's drno ninbrocht het. So isch ei

Schnellerli um's ander in's Loch keit. Seller wo sin Schnellerli oder sin Kiigili als dr allerletscht Spieler ins Löchli gschnäppert het, seller het alli gwunne, diä wo im Löchli gsin sin. Wenn do eini vun minne Schwestere z'hiile angfange het, hawi schu gwißt, was los gsin isch. »I bin usbiddelt, i bin usbiddelt!« het si gsait un het gschluchzt. Des het heiße sotte, daß si im Spiel alli Schnellerli un Kiigili vrspielt het.

Minnem Brueder het so ebbis so schnell nit bassiäre könne. Eh seller usbiddelt gsin isch, hetr sich ganz noht an's Schnellerlilöchli ghuckt, wiä wenn'r alles beobachte miäßt. Wenn d'andere grad dischkeriärt oder ghändelt hänn, ob selli Kiigili kitscht hänn oder nit, hetr schnell ins Löchli ninglangt un het sich e paar Schnellerli rusgholt. Manchmol hämmer-ne drbi vrwitscht. »Der raiwert, der raiwert!«, het einer briält un alli sinn uf denne Raiwer los, bis'r alli g'raiwerte Kiigili het keije lehn. Drno isch er usbiddelt gsin.

Hitzedags könne d'Kinder jo nimmi uf dr Stroß un in dr Gaß Schnellerli spiele. D'vrruckte Auto und d'Motorräder hänn dr Schnellerli genau so dr Garus gmacht wiä dr Danzknöpfli. Ich weiß noch genau, was dr Afang vum End vun dem truurige Liäd gsin isch. Do isch dr Karili eines Tags am Schnellerliloch uftaucht un het zue allene »Äksgäwili« gsait. Drno het'r us-em Hosesack e paar glitzrigi, boliärti Stahlkugle zoge, daß mr fast blendet gsin sin. »Was biäte-n'r fir diä?« het'r gfrogt. Niemeds vun uns Kinder het dr Wert vun-ere Stahlkugel inschätze könne. Mit dere Art vun »Währungsreform« simmer nimmi mitkomme.

Wo dr Karili diä neimodische Kugle herghet het? Sinner Brueder het drheim e alts Motorrad usenandergnumme. Us-em Kugellager vun dr Räder sin d'Kugle gsin. Vun dert ab sin immer meh Motorräder un Auto uf d'Stroße komme, bis mir Kinder uns nimmi z'spiele traut hänn. Mit denne Stahlkugle us dr Kugellager hänn si uns unseri Traim vun dr Schnellerli iwer dr Huffe gschosse.

Minni Amsel

Morgens, wenn d'erscht Heiteri iwer dr Himmel zoge-n-isch, het si mi gweckt. Wenn owends d'Sunn mit-eme rote Schiin dr Vogese dussmah dr Buckel nabgrutscht isch, het d'schwarz Amsel hoch drowe-n-uf-em Dach vum Nochberhuus mit viele Triller un Melodie ihr Owendliäd gsunge. I bin still am Fenster gstande un hab mi inwickle lehn vun denne sampfte Tön. Gege dr Owendhimmel, seller wo langsam immer glasiger wore-n-isch, het mr guet gsehn, wiä d'Amsel dr Hals gstreckt un drno dr gähl Schnawel ufgsperrt het, daß dr erscht Triller het nuswitsche könne. Sie het niä 's glichlig Liäd gsunge. Immer het si neiji Melodie gfunde. Manchmol het si schnell noch e Schlenker drufgsetzt, wenn de gmeint hesch, jetz dät si fertig sin.

Am schönste isch's gsin, wenn-ere e anderi Amsel im Garde oder uf-eme Nochbershuus Antwort gänn het. No hänn sich diä zwei gegesittig iwerbotte mit Erfindunge vun Melodie un Triller. D'eind het uf d'ander gwartet un het sich e Wiili z'ruckghalte, will si gwisst het, daß d'Antwort noch-ere kleine Stilli noch besser klingt. Nit immer isch diä Stilli ganz glunge, will auch noch anderi Amsle in dr andere Gärde mitgsunge hänn. Selli uf's Nochbers Dach isch awer minni Amsel gsin. Morge fir Morge un Owend fir Owend hawi uf si gwartet. Mit dr Zitt bin i ufgwacht eh si pfiffe het, will i mi schu so druf ingstellt ghet hab.

Vor e paar Tag isch d'schwarz Amsel an minni Tränki im Garde komme un het mit ihrem Schnawel ganz miähselig e paar Tröpfli Wasser gschöpft. Wo-n-i nähder gange bin, isch si nit drvun gfloge. Do hawi gwisst, wiä's

um diä Sängeri steht. Am nägschde Morge isch si tot im Gras glege. Ganz noht het sie sich zum Sterwe an sell Sandsteinmiirli glegt, will's dert wärmer gsin isch. Starr un stiff het si d'Bein mit dr spitzige Kralle vun sich gstreckt, un d'Aigli hänn mi blind angluegt.

I bin vor mir selwer vrschrocke, wo-n-i im erschte Moment denkt hab, i sott diä tot Amsel eifach mit dr welke Blueme-n-un em dirre Gras uf dr Abfallhuffe schmisse. Drno hawi awer selwer mit mir gschumpfe. I hab d'Stechschufel gholt un hab unterm Tännli, an sellem wo mr als an dr Wihnachte d'Kerzli ufstecke, e Loch grawe. Do hawi diä tot Amsel ninglegt un hab si mit-em Bode wider guet zuedeckt. Hesch mr so vieli schöni Liäder gsunge, hawi liislig gsait, daß de jetz au do unterem Tännli begrawe sin derfsch. Wo-n-i minni Amsel ganz zuedeckt ghet hab, hawi gwißt, daß i nit bloß e Liäd, nai, daß i au e Traum vrgrawe hab. So isch-es mit dr Traim, selli wo mr naachts traime. Schun am nägschde Morge miän mr si vrgrawe.

Wo-n-i des mit dem Amselliäd un dem Traum drvun einem verzehlt hab, het mr seller denne Traum vrdolwe. »Jo«, het'r gsait, un het glacht, »selli Vögel, wo am Morge singe, selli holt owends d'Katz!«

Wiä wenn in minnem Traum e Katz vorkomme wär . . .

's Äschepflüdderli

Jetz isch des Kinderland au vrschlosse. Minner Enkel isch geschdert in d'Schuel komme. Vorgeschdert het'r sich bi mir mit-em neije Biächersack präsentiärt. Biewli, Biewli, hawi denkt, hoffentlig hesch im Lewe allewiel so luschtigi Aigli, wenn dr 's Lewe e Sack uf dr Buckel schnallt un dr de Buckel krumm druckt.

Nadiärlig het dr Bue au so-n-e großi Guck han miän. Zue minnere Zitt het mr so neimodischs Ziigs nit kennt. Schoklad un Gutsili un Kaugummi, wämmer 's erscht Mol in d' Schuel geht, daß i nit lach! Do hätt uns unser Babbe ebbis vrzehlt. Awer nai, ich hab noch e Päckli Gutsili fir diä Guck spendiäre miän. »Ohni Zuckertüte kann i mi doch nit blicke lehn«, het minner Enkel gsait. Zuckertüte – do hawi nomol lache miän. Zuckertüte – wo simmir Alemanne eigentlig hingrote, hä?

So isch des hitzedags. Mr kann sich nimmi blicke lehn, wämmer nit e Huffe siäßes Ziigs in d'erscht Klass mitbringt. Später kammer sich nimmi blicke lehn ohni selli enge Hösli, drno nimmi ohni Radiöli, drno nimmi ohni dr Fernseher, ball nimmi ohni Motorrad, un schun kommt au 's Auto uf's Tapet.

Wo minner Enkel vun dr erscht Stund us der Schuel z'ruckkomme isch, hawi-ne gfrogt, wiä's-em denn gfalle het. »Oh«, het'r gsait, »'s isch so gange. Mit dr Lehreri wäre mr z'Streich komme. Diä macht e ganz gueter Indruck!«

»Un sunscht? Was hänner sunscht triewe«, hawi widerscht gfrogt. »Sunscht?« het'r gsait un het mi angluegt. »Nix sunscht!« Drno het'r sich des iwerlegt. »Uf-em Heimweg hämmer dischkeriärt.«

»Was hänner denn dischkeriärt«, hawi ganz neigierig gforscht. »Waisch, Großvadder«, het dr Luuser gsait, »dr Karili het behauptet, daß eim d'Lehreri keini uf dr Backe haue derf, will si sunscht ins Gfängnis kommt. Will mr des nit ganz glaubt hänn, hämmer driwer dischkeriärt.«

Do hesch's Backe, hawi fir mich denkt. Diä Luuser sin daguff. Am liäbschde hätt i-em jo eini uf d'Backe bätscht. Nit arg, numme so e wengli. Awer villicht wär i drno au ins Gfängnis komme. Hitzedags weisch jo nimmi, wiä witt de gehn derfsch.

Später hawi in dr Stadt e Großmueder troffe, dere wo ihri Tochter siewe Kinder het. Sie het glacht un het gsait: »Jetz isch au unser Äschepflüdderli in d'Schuel komme!« Was hab ich mich gfreit, daß i des Wörtli wider emol ghört hab. Wiä armselig isch's doch, wämmer »Nesthäkli« sait. Wiä guet un liäb hört sich des an: »Äschepflüdderli.«

Wenn e Familli vieli Kinder geht het, drno isch's jingst in dr Reih dr Äschepfludder oder au 's Äschepflüdderli gsin. Au seller, wo immer als letschter komme-n-isch, isch dr Äschepfludder gsin. Wenn minni Großmueder als Amlett bache het, isch am Schluß so e kleins bissli Teig iwrigbliewe. »So«, het si gsait, »jetz kommt noch 's Äschepflüdderli!« Drno het si mit dem Teigrest e ganz kleins Amlett bache. Au bi dr Bibbili uf-em Land drusse het mr zue sellem Hiähnli, sell wo immer am End trippelt isch, 's Äschepflüdderli gsait. E Buur het mr des emol expliziärt. Wenn d'Gluckeri kei Platz meh gfunde het oder 's isch nit mit alle in dr Grasgarde zoge, drno het d'Biiri des Bibbili gschnappt un het's in dr Äschekaste gsetzt. So isch's zum Äschepflüdderli wore.

Manchmol simmer alli im Lewe so-n-e Äschepfludder. Bloß setzt uns kei gueti Frau in dr warm Äschekaste.

Summer

Bim Epfelbaum lueg i durch's Blatt.
Mr kann schun d'Epfel sehn.
Doch d'Amsel spöttelt iwer d'Stadt,
Dr Summer sott jetz gehn.

Usbamble

Was hämmir Kindr als glacht, wenn sich dr Vadder g'ärgert het. Des isch immer bassiärt, wämmer e Wanderung gmacht hänn. Dodrzue mueß mr wisse, daß unser Vadder kei arg großer Mann gsin isch. Kei soniger, daß mr Männli het sage könne, awer au nit stattlig wiä selli, wo e Kriz wiä-n-e Kleiderkaschte hänn.

Jetz simmer bi so-n-ere Wanderung gsin. Mr sin schu e Wiili iwer Berg un Dal, un d'ganz Familli het gschnappt. »Bi dr nägschte Bank duen mr vespere«, het d'Mueder gsait, un mir Kinder hänn d'Brotbeidel gschlenkert un uf d'Rucksäck bätscht, daß d'Mueder Angscht wege dr Eijer un dr Butterflade bekomme het. »Basse doch uf!« het si kummediärt, »mr welle doch kei Schlaudrikauz.«

Schnell noch um seller Rank num, un schun isch dert am Abhang e Bank gstande. »Do gits ebbis z'esse un z'trinke«, het d'Mueder gsait un het sich uf diä Bank keije lehn. Zweimol het si z'friede gschnuuft un het drno d'Rucksäck un d'Brotbeidel un d'Feldflasche zue sich kummediärt. Nit daß'r meine, dr Vadder heb sich au newe d'Mueder uf selli schön Bank ghuckt. Nix do. Der het sinner Tschobe vrkehrtrum uf dr Bode glegt un het sich drno drufghuckt. Dodrbi het'r genau so zfriede gschnuuft wiä d'Mueder driwe-n-uf dr Bank.

»Komm doch uf's Bänkli, Vadder!« het d'Mueder glacht. »Friähjer bisch doch au gern newe mi ufs Bänkli ghuckt.« Dr Vadder het nix drvun wisse welle. Jetz het'r sich g'ärgert, un mir Kinder hänn glacht, will mr jo längst gwisst hänn, wägeworum sich dr Vadder ärgere duet un wägeworum 'r nit newe d'Mueder ufs Bänkli ghuckt isch. Eimol hämmer's nämlig gsehne ghet. Do het'r nimmi dran denkt un isch uf sell Bänkli ghuckt. 'r het nimmi dran denkt, daß d'Förster im Wald iwerall an d'schönste Wanderweg sonigi Bänkli us guedem Eiche- oder Bueche-holz stelle. Si duen si awer numme fir großi Litt fawriziäre. Diä nämme einfach ihr eiges Maß oder sell vun-eme Holzhauer. Bi deren-ihrem Maß isch awer unser Vadder bim Sitze-n-uf dr Bank mit dr Fiäß nit bis nab uf dr Bode komme. D'Mueder het d'Fueßspitze jo guet gege dr Bode stibbere könne. Meischt het si sogar d'ganze Schuesohle in dr Sand druckt. Dr Vadder isch drnewe ghuckt un het numme mit dr Bein bamble könne. Soviel 'r sich au Miäh gänn het, 's het niä glangt bis nab uf dr Bode. Deswege het'r lustig bambelt. Mir Kinder hänn uns newe-ne ghuckt un hänn au mit dr Bein bambelt. Mr hänn glacht un glacht, bis sich dr Vadder wider g'ärgert het. Drno het'r iwer d'Förster und d'Holzhauer gschumpfe, het sich ganz stiff gmacht, bis'r drunte-n-am Bode dr Dreck mit dr Fueßspit-ze het furtkicke könne, un het drno dr Kittel uf dr Waldbode gschmisse.

Dert het'r sich drufghuckt un het gsait, dr Förster könnt'em dr Howel usbloose. Vun dert ab isch dr Vadder immer uf dr Kittel ghuckt zum Vespere un het dr Mueder d'Bank glehn.

Nadierlig bin i nit grad so vun ase uf des Bamble mit dr Bein vun unserem Vadder komme. Des isch mr wider ingfalle, wo mr einer vrzehlt het, wiä-n-r d'Woch usbam-ble loßt. 's isch e Lohrer, der wo d'liäb lang Woch im Ländli unterwegs isch, will'r iweral sinni Gschäfter mache mueß. Am Samschtigmorge kommt'r ins Städtli z'ruck. Drno knuddelt'r do un dert im Huus un im Garde rum, macht sinnere Frau Kommissione oder schmiärt emol d'Kinder schnell ab, daß-es fir d'nägscht Woch wider hebt. Nit grad so arg, numme e bissili, daß si merke, daß dr Vadder wider drheim isch.

Drno kommt fir inne 's Schönscht vun dr ganz Woch. Wenn am Samschdignomiddag d'Buure vun dr Felder heimzuefahre, wenn's drunte-n-im Städtli riäwiger wurd, wenn d'Sunn adje sage will, will si driwe bi dr Franzose noch-em Räschte luege mueß, drno huckt sich dr guet Mann uf sell Plätzli im Garde vor sinnem Huus. E Fläschli Biär het'r vorher schun uf dr Tisch gstellt, e schöner Rämbe Wissbrot, e paar frischi Salzbretschle drzue un uf-em Teller e Bachsteinkäs, seller wo eim so räscht in d'Naselöcher sticht. Ganz gmiätlig streckt dr Mann sinni Fiäß unter dr Tisch un wartet, bis d'Kircheglocke drunten-im Städtli anfange, dr Sunntig inz'litte. Z'erscht hört mr numme-n-eini Glock. Drno git e anderi Antwort. Schun bimble un bamble si alli fröhlig un hoch un tiäf durchenander, daß-es iwer d'Dächer bis hinteri ins Tal un nus in d'Ebini klingt. Dr ganz Talkessel, in sellem wo unser Städtli leit, klingt un schallt. Wenn dr Wind tiäf Luft holt oder emol e kleini Paus macht, drno kommt des wiä Welle dr Hang nuf bis zue unserem Mann in sinnem Garde. Jetz schenkt'r sich nomol e Biär in, legt sich e Stickli Bachsteinkäs ufs Brot un loßt sich ganz tiäf in denne Fiirowend am End vun-ere schaffige Woch ninkeije.

»Es git nix Schöneres wiä Biär, Brot, Bachsteinkäs un Glockelitte«, het'r zue mir gsait. »Do spiirsch, daß de wider drheim bisch, do weisch, wo de hinghörsch, do bisch z'friede un dankbar drfir, daß de wider e Woch gschafft hesch!«

An seller Mann hawi denke miän, wo-n-i neilig am e Samschtig vor-em Kirchli gstande bin, uf sellem sinnem Turm grad d'Glocke dr Sunntig ankindigt hänn. I hab gschmunzelt, will i bi dem Bim und dem Bam an dr Bachsteinkäs vun sellem Mann hab denke miän. Drno hawi mi gfreit, daß d'Glocke au fir sonigi Traim litte un daß dr liäb Gott so-n-e Wocheusklang mit Bachsteinkäs bstimmt vrsteht.

Jetz sin d'Glocke liiser wore. Immer langsamer hänn si bimbelt un bambelt, bis eini noch dr andere still wore-n-isch. Numme eini het noch ganz dussmah hin- un her-gschwunge. Zweimol het dr Schwengel drowe noch liislig an d'Glock gschlage. Drno isch-es ganz still wore uf dr Welt. Jetz het au diä Woch usbambelt, hawi fir mich denkt un bin heimezue. Alles bambelt emol us. Drno wurds ganz still.

D'Juddebank

I bin noch e Volksschiäler gsin. Uf eimol hänn si uns gsait, daß mir mit sellem Juddebiewli in unserer Klass eigentlig nimmi schwätze derfte. Un ich bin mit-em in dr Bank ghuckt! Mr hänn uns guet vrstande. Er het mr als e Stickli vun sinnem Schoklad gänn, un ich hab-em e Epfel brocht, will diä doch drheim kei Garde ghet hänn. Mir hänn au mitenander kickt, hänn Fangerlis gspielt, un manchmol hämmer uns au vrbritscht.

Nix do, hets uf eimol g'heiße. Mit dem Juddestinker duet mr nit kicke, un bi dr Judde duet mr au nix kaufe. Sell Juddebiewli isch immer meh ins Eckli druckt wore. In dr Paus isch'r ganz vrlore un truurig uf dr Sitt gstande. Manchmol het'r ghiilt. »Jetz hiilt'r au noch«, het drno einer gsait un het gmeint, dodran könnt mr sehne, wiä d' Judde sin. 's isch e Glick gsin, daß sellem Juddebiewli sinni Eltere ball druf mit dr ganze Familli nach Amerika usgwandert sin. Do isch des fir uns vorbei gsin. Daß-es demit erscht angfange het, sell hämmer dert nit wisse könne.

Nit alli Judde us-em Städtli hänn uswandere könne. Selli wo nit vil Geld ghet hänn oder schu arg alt gsin sin, selli hänn miän dobliewe. Wiä vorher 's Biewli in unserer Klass, so sin diä jetz in's Eckli gstellt wore. Mr het si nimmi angluegt. E mancher, der wo-ne noch vor kurzem »Guede Dag« gsait het, het jetz uf d'ander Sitt gluegt. Mr het doch in-eme Judd kei »Guede Dag« meh winsche derfe. Wo diä doch an allem schuldig gsin sin. Sogar dr liäb Jesus hänn sie an's Kriz gnagelt, het einer us unserer Klass gsait un het sich bekrizigt. E anderer het vun sinnem Unkel vrzehlt, sellem wo seller Judd d'Kueh us-em Stall zoge het, will'r d'Zinse nimmi het zahle könne. Iwerhaupt hänn im ganze Städtli numme bravi, ehrligi, so räscht ditschi Litt gwohnt. Bloß d'Judde, selli sin liädrig un guunerig un schlitzöhrig gsin. Uf unserer Sitt hets keine Schlitzohre meh gänn könne, will mir jo jetz fascht alli in dr Uniform gsteckt sin. Un in Uniforme stecke jo keini Schlitzohre, gell!

In sellere Zitt isch diä Gschicht bassiärt. Mitte-n-im Städtli hämmer e kleini Anlag. Des isch kei Park un au kei räschter Garde. Numme so e kleins bissili Griäns mit e paar Baim drin un-eme Eckli, wo d'Buewe kicke könne. In jedere Eck vun dere Anlag steht e Bank, demit d'Miädere sich usruehe oder d'alde Littli uf-em Heimweg us dr Stadt e bissili uspfuuse könne.

Uf sellere einde Bank isch an sellem Nomiddag, wo d' Buewe-n-im Eckli kickt hänn, uf eimol dr alt Judd ghuckt. Sunscht het'r sich jo nimmi us-em Hus traut. Jetz awer hänn d'Vögel so schön tiriliärt, d'Sunn het uf eimol so warm geschiine, und 's isch alles so friedlig gsin. Do het'r sich nustraut un het sich e bissili uf selli Bank ghuckt. 'r het d'Auge zuegmacht un het d'Sunn uf sin runzligs Gsicht schiine lehn. Wer weiß, was'r denkt oder vun was'r traimt het.

Uf eimol het einer vun selle Buewe bim Kicke dr alt Judd uf dr Bank gsehn. »Dr alt Judd huckt uf dr Bank«, het'r zu sinne Kamerädli gsait. Selli hänn riäwig widerschtkickt. Des het denne Bue pfupfert. »Des derf der doch gar nit. Unser Lehrer het gsait, d'Judde derfe im Park nieneds hinhucke!« het dr Bue expliziärt. In dem Moment isch dr Bolizischt d'Stroß dọherkomme. Dr Bue het mitem Kicke ufghört un isch zum Bolizischt grennt. »Herr Bolizischt!« het'r gsait un het niwer uf d'Bank ditte. »Herr Bolizischt! Dert uf dr Bank huckt dr alt Judd!«

Dr Bolizischt het nit drgliche don. 'r het niwer zum alte Judd gluegt, het mit dr Schultere zuckt un het wider schnell wegguckt. Awer dr Bue het nit luck glehn. »Des derf der doch nit, des isch fir Judde vrbotte!« het'r zum Bolizischt gsait. Seller hets villicht mit dr Angsch z'duen kriägt. Mr het jo nit wisse könne, wo des Biewli herkommt un was-es drheim iwer dr Bolizischt un dem sinni Uffassunge vrzehlt. Deswege het dr Bolizischt sin Koppel mit beide Händ e bissili am Buch nufgschowe un isch nuf zue sellere Bank mit-em alte Judd. 'r het vor-em Judd salutiärt, daß seller ganz zammezuckt isch. Het'r wisse könne, was jetz lanzt? Irgendebbis, was mr nit ghört het, het dr Bolizischt zum alte Judd gsait. Seller isch ufgstande un isch ganz langsam un miäd us dr Anlag nus un heimzue däppelt. Dr Bolizischt het-em noch nochgluegt, bis'r um's Eckli vrschwunde gsin isch. Drno het'r dr leer Bank dr Rucke zuedrillt un isch au sinnes Wegs gange.

D'Buewe hänn längscht widerschtkickt, un keiner het meh an dr alt Judd denkt. Was het mr sich domols au Gedanke iwer e Judd gmacht. Schun gar nit iwer e alter, seller wo uf-ere Bank huckt, uf dere wo-n-r gar nit het hucke derfe.

Manchmol, wenn i hitzedags durch selli klein Anlag geh, lueg i niwer zue sellere Bank. Si steht meischtens leer im Eckli vun dem bissili Griän. I blib stehn un denk iwer uns noch.

I weiß, daß seller Bue vun selle Kicker, seller wo domols dr Bolizischt zum alte Judd an d'Bank gschickt het, nimmi us Russland heimkomme-n-isch. Dr alt Judd isch au niemeh uf dr Bank in dr Sunn ghuckt. Si hänn-e nämlig ball druff mit der letschte Judde, diä wo noch im

Städtli gsin sin, abgholt. Noch-em Kriäg hämmer ghört, daß'r au umbrocht wore-n-isch.

I trau mi nit, uf selli Bank z'hucke. I lueg si numme an. I weiß, daß i nit dranlange derf, will mr au an sonige Erinnerunge vrbrenne kann. Bi sellere Bank mit sellem alte Judd het nämlig ebbis angfange, was mir domols gar nit hänn sehne könne un was mir später lang nit hänn glauwe welle. Selli Bank steht noch do. Si isch e Zeiche mitten-im Griän vum Summer, mitten-im Singe vun dr Vögel un in dr guede Wärmi vun dr Sunn, selli wo immer noch iwer alli schiint.

In dr Ross-Schwemmi

Hitzedags mueß e Fiirdig mit-eme Festzug sin, daß de wider emol Rösser in dr Stadt siehsch. Do komme selli vum Rittverein mit ihre gschniegelte un biegelte Rösser doher un tänzle durch d'Stroße. Sunscht awer kriäge unseri Kinder bloß noch Autöli, Motorrädli un so knattrigi Mopedli z'sehne. Wenn nit an jedem Eck e Hund sinni Bolle dät leije lehn oder emol e Katzerolli vrsuecht, zwische dr Autöli iwer d'Stroß z'witsche, dätsch iwerhaupt keini Viecher meh uf dr Stroße sehn.

Was hämmir als Kinder noch Rösser in dr Stadt z'sehne kriägt! Do isch dr Willmann mit sinnem klepprige Wägili un sinnem Rössli gsin. Ganz stolz isch'r vorne uf-em Brettli ghuckt, het mit dr Zung gschnalzt un het sinner Schnurrbart zwirbelt, dänne wo-n'r vun dr Husare us-em Kriäg mit heimbrocht het. Wenn'r vor-eme Huus ghalte het, will'r Brikett oder Kohle oder Anfiirholz het ablade miän, simmir Kindr um des Rössli rumgschliche. Mr hänn-em dr Hals dätschelt, hänn-em d'Hand an's Muhl ghebt, daß-es uns e bissli geschleckt het, un e paar ganz Vrwegini hänn 's Rössli sogar uf d'Hinterhand dätschelt. Drno isch-es e Schritt vor un het dr Wage mitzoge, daß dr Willmann us-em Huus z'renne komme-n isch un »Ooooha!« briält het.

Erscht selli Rösser vum Kramer sinnere Bstätterei! Ich hab des Wort, sell wo drunte-n-am Bahnhofsplatz am große Stall gstande isch, immer wider studiärt. I bin awer nit drhinter komme, was des het heiße sotte: »Güterbestätterei«. Was si do woll bestatte? Wo dr Vadder eines Tags drheim gsait het, d'Mueder sott-em dr Zylinder richte, will'r zue-n-ere Bestattung uf dr Friedhof gehn miäßt, do bin i ganz hintrefiir gsin. Ha nai, hawi denkt, des kann doch nix mit-em Kramer sinne Rösser z'duen han.

Was der fir schöni Rösser ghet het! Wenn diä am Stroßerand gstande sin, will dr Kutscher ebbis het ablade miän, hämmir diä glänzige, runde Rösser bstuhnt. Sie hänn mit dr Hufiise uf-em Pflaster gschärrt, daß-es Funke gänn het, hänn mit dr Köpf gwackelt, daß 's Gschirr klingelt und klirrt het un hänn zoge, wiä wenn si widerscht miäßte. Manchmol het eins vun denne Rösser dr Schwanz ghebt un het ganz dussmah mit Pfupfere angfange. In so-n-eme Moment isch minner Schuelkamerad, seller wo au am Schloßplatz gwohnt het, schnell heimgrennt un het sin Kärrili gholt. Dr Gaul het noch emol pfupfert. Drno isch hinte ei Rossbolle noch-em andere ruskomme un isch nab uf's Pflaster keit. Dert drunte isch dr Huffe mit selle Pfuddle glege un het gmiätlig dampft. Jetz het dr ander Gaul au noch d'Fiäß usenander gstellt un het e Strahl uf's Pflaster nabgeschickt, daß-es plätschert het wiä sellemols, wo bim Großvadder e Wasserleitung im Keller broche gsin isch. Mir Buewe sin am Rand vum Trottwar gstande un hänn gschnuppert. »Des schmeckt fascht wiä im Zirkus«, het minner Freind gsait. Endlig isch dr Fahrer komme, un dr Wage isch widerschtgfahre. Jetz isch minner Freind an d'Rossbolle drankomme. 'r het si mit sinnere hölzrige Schufel ufglade un ins Wägili keit. Wenn's Wägili voll gsin isch, het'r's in dr Garde gfahre. Des isch dr bescht Mischt, het sinner Vadder gmeint un het-em e Zehnerli gänn, demit'r wider e Nomiddag lang durch d'Stroße gfahre-n-isch und d'Rossbolle ingsammelt het.

Au d'Stadt het Rösser ghet. Diä het sie für mäncherlei Ärwete brucht. Do isch eimol d'root Artillerie gsin. Selli het dr Abtritt us dr Hiiser furtgfahre. Dodrfir hänn si e Maschinewage, e Schluchwage und e paar Kesselwäge ghet. D'Rösser hänn alles vor's Huus zoge, drno hänn d' Männer selli lange Schlich inenander gsteckt, bis si hinteri ins Höfli an d'Abtrittgrueb glangt hänn. Mr het dr Deckel ufgmacht un dr Schluch ninghänkt. D'Maschin drusse-n-uf dr Stroß het angfange mit Rumple und Pfuuse un het dr Abtritt in dr Kesselwage pumpt. An sellem isch e Schauglas gsin, do het mr ablese könne, wiä hoch dr Abtritt im Kessel schun gschdiege-n-isch. Wenn dr Kessel voll gsin isch, hänn sie d'Maschin abgstellt, un d'Rösser hänn dr Wage nus uf d'Ackere vun dr Buure gfahre.

Im Winter, wenn's arg gschneit ghet het, hänn diä Rössli dr Bahnschlitte zoge. Des isch e großes Dreieck us schwere Dille gsin. Mr het d'Rösser so angspannt, daß d' eind Spitz vun dem Dreieck dr Stroß entlang zeigt het. Wämmer jetz losgfahre-n-isch, het dr Bahnschlitte dr Schnee uf d'Sitt gschowe, demit d'Fuhrwerker wider hänn fahre könne. Nadierlig het mr fir denne Bahnschlitte e Gwicht brucht, demit'r nit so licht us dr Bahn ghopst isch. Deswege hänn mir Schuelerbuewe drufhucke derfe. E ganzi Truub voller Kinder isch uf dem klepprige, hölzrige Dreieck ghuckt un gstande un het giigst und glacht un gspektakelt. D'Rössli hänn d'Köpf gschittelt, daß d'Schelle am Zaumziig lustig bimbelt hänn. So isch diä fröhlig Korona durch d'Stroße boldert. Sogar dr Lehrer het glacht, wämmir z'spoht in d'Schuel komme sin un mit rote Backe gsait hänn, daß mir mit-em Bahnschlitte hänn fahre derfe.

Manchmol het eins vun dänne Rössli au dr Totewage ziäge miän. Des isch e Wage wiä-n-e vornehmi Kutsch gsin. Uf dr Pritsch isch so e kleins Tempili gstande mit lutter schwarze Tiächer. Dodrinne isch dr Sarg gsin. Au 's Rössli het e schwarzi Montur ghet. Diä isch-em nit bloß iwer dr Ranze, nai, diä isch au noch iwer dr Kopf gange. Wiä 's Ross vum Ritter vun Geroldseck in sinnere iiserne Rüstung, so het des Rössli vum Totewage usgsehn. D' Auge hesch us dr Löchli blinzle sehn, selli wo in d' Montur geschnitte gsin sin. Au dr Kutscher un d' Totegräwer hänn so-ne schwarzi Montur anghet un uf-em Kopf e Huet, wiä-ne kleins Schiffli vun dr Dammemihli.

Ganz langsam isch des Rössli mit dem schwarze Wage durch d'Stadt zoge. Mir Kinder hänn ufghört mit-em Rawoose. Wenn dr Totewage vorbeifahrt, mueß mr an dr Rand vum Trottwar stehn, mueß d'Kapp rabziäge und mueß sellem Tote d'letscht Ehr erwiise. So hämmer's in dr Schuel glehrt, un so hämmer's gmacht. Ich hab mr drbi immer vorstelle welle, wiä seller woll ussieht, seller wo jetz im Sarg leit un an uns vorbeifahrt. Awer do isch dr Wage schun vorbeigsin, un mir hänn wider rawoose derfe.

Am ufregendschte isch's awer in dr Ross-Schwemmi gsin. Selli het im Summer an jedem Samschdignomiddag fir uns Buewe dr Spektakel abgänn. An dr vordere Bruck isch am Gwerbskanal e pflasterti, schiäfi Ebini gsin, diä wo tirekt ins Wasser gfihrt het. Dert hänn d'Rossbuure oder dr Willmann oder selli, wo au noch e Rössli im Stall ghet hänn, ihri Rösser ins Wasser triewe. Mr hets schun vun wittem ghört, wenn d'Rösser hergaloppiärt sin. Des isch fir uns Buewe dr Alarm gsin. Schu simmer alli an dr Ross-Schwemmi gstande. Ganz gmiätlig sin d'Rösser des Pflaster nab ins Wasser vum Kanal. Des isch nit arg tiäf gsin. Änneweg hets glangt, demit mr d'Rösser het schrubbe un wäsche un butze könne. D'Knecht un d'Buewe von dr Buure hänn des gmacht. Mir sind barfueß drumrumgrennt un sin im ghörige Abstand vun dr Rösser bliewe. Selli hänn gschnuuft und pruschtet un gstampft und vor lutter Freid mit dr Schwänz gwedelt.

Drno isch dr gröscht Moment komme. D'Rösser hänn jetz wider heim in dr Stall miän, demit d'Buure au ihre Fiirdig bekomme hänn. Mir Buewe hänn biddelt und bettelt, bis jeder vun uns het uf-e Ross hucke derfe. Mr hänn uns fescht an dr Mähne ghebt un sin durch d'Stroß g'ritte. Stolz wiä Ritter, diä wo in d'Schlacht ziäge, simmer uf denne Rösser ghuckt un hänn guugt. Im Hof hämmer im Ross drno zum Adjesage noch dr Hals dätschelt. Drno isch's in dr Stall poltert. Mir awer sin heimzue un hänn drheim in dr Sunndig nin noch vun dr Rösser traimt.

Dunke

I weiß jo nit, ob's so ebbis in andere Famillje au gänn het. Mir hänn uf alli Fäll so ebbis wiä kleini Familljegeheimnisser ghet. Nit selli Witzli, selli wo unser Vadder Johr fir Johr jedem Gast vrzehlt het un selli wo mir Kinder längst uswendig hänn könne. Wenn'r Luft gholt het, hämmir Kinder schu gwisst, was jetz fir e Witzli dran isch. Diä Familljewitzli mein i nit. Bi uns hets e Sätzli gänn, sell wo numme mir us dr Familli vrstande hänn. Mit dem Sätzli het mr sich vieli langi Rede erspare könne. Do hesch numme dänne eind Satz gsait, un schun hänn alli Bscheid gwisst.

Do isch selli Gschicht mit-em Dunke. Unseri Großmueder het am Morge 's Brot in d'allmachts groß Kaffeeschissel brockelt, het d'Milich un dr Malzkaffee driwergschittet, het alles guet ufweiche lehn un het's drno gmiätlig glöffelt. Nit so dr Großvadder. Seller het dunkt. 'r het sich au d'Schissel voll mit Milich un Malzkaffee gmacht, het e Rämbe Brot abgschnitte un het Schiibli drvun gmacht. Manchmol het'r au e Weckli oder gar e Hörnli vum Vordag ghet. Des het'r jetz in d'Kaffeebriäh dunkt. Wenn's e bissili weich gsin isch, het'r's ruszoge un im Muhl gmampfelt. Drno isch's Weckli wider nindunkt wore. Sell Dunke het minni Mueder vun drheim in unseri Familli mitbrocht. Dr Vadder het's jo nit räscht liide könne. Awer fir d'Mueder isch's 's Högscht gsin. E Hörnli am Nomiddag oder e Murr, un des drno dussmah Stick fir Stick in dr gued Kaffee dunke! Oh! Do hätt unseri Mueder vor Glickseligkeit fascht vrschmelze könne. Dr Vadder isch drnewe ghuckt un het d'Auge zuegmacht, will-em diä Mampferei dr Appetit vrdorwe het.

Des isch nolang nit alles gsin. 's Allerhögscht fir unseri Mueder isch komme, wämmer zum Middagesse e schöner Broodis mit-ere guede Soß ghet hänn. Wenn alli ihri Nudle oder Knöpfli un ihre Broodis g'esse ghet hänn, het d'Mueder d'letscht Soß us dr Schissel uf ihre Teller gschittet un het sich e Stickli Brot glangt. »Geht diä Dunkerei wider los?« het dr Vadder spitzig gfrogt un het glacht, will'r jo gwisst het, daß mr do d'Mueder nit bremse kann. Si isch mit-eme Stickli Brot durch seller Soßerescht gfahre, bis'r ufgsuugt gsin isch. Jetz het si des Stickli ins Muhl gschowe un het d'Aigli vrdrillt, wiä wenn si dr Sunneuntergang am Bodesee erlewe dät. Ei Möggili Brot noch-em andere isch in d'Soß dunkt wore. Z'letscht het d'Mueder mit-em Brot dr Teller vun dr Soß so suufer gwischt, daß mir Kinder gsait hänn, denne bricht mr jetz gar nimmi wäsche.

Eines Dags het unser Vadder d'ganz Familli zum Esse in e vornehmi Wirtschaft inglade, selli wo nadierlig Restaurang gheiße het. Jeder derft sich russueche, was'r will, het dr Vadder gsait, un mir hänn uns nit lumpe lehn. »Daß-r mr au schön esse!« het d'Mueder drheim noch kummediärt ghet. Mir het si gsait, daß mr bim Esse dr Arm lupfe miäßt, minnere eind Schweschter, daß mr d'Supp nit sirpfelt, dr andere, daß d'Grumbiire nit mit-em Messer vrschnitte wäre, un im Brueder, daß mr noch-em Nochtisch dr Teller vum Iis oder vum Pudding nit usschlecke derf. Numme eins het si nadierlig vrgesse. 's Dunke! Mit sellem isch's drno au bassiärt.

Noch-em Broodis, dr Nudle un-em griäne Salat het d'Mueder schnell d'Soß uf ihre Teller gschittet un het noch-em Wissbrot glangt. Dr Vadder het binah e Ohnmacht kriägt, wo-n'r des gsehne het. 'r isch dr Mueder in dr Arm gfalle und het si schnell zum Anstand z'ruckrisse welle. »Was witt denn?« het si-ne anblitzt. D'alt Wirti, selli wo an unserem Tisch gstande-n-isch, will si uns e Gschichtli het vrzehle welle, het gwardet, was bim Vadder jetz komme wurd. Seller het d'alt Wirti vun dere vornehme Wirtschaft angluegt, het drno d'Mueder angluegt un het gsait: »Awer nai! In so-n-eme Huus derf mr des doch nit mache!«

Do isch sell Sätzli gfalle, sell wo fir unseri Familli so ebbis wiä-n-e Geheimnis oder e Merksätzli wore-n-isch. »Dunke si numme, guedi Frau«, het d'alt Wirti gsait un het glacht. »Dr Großherzog dunkt au!«

Do hämmer's ghet. Dr Großherzog dunkt au! Un wenn seller vornehm un firstlig un etepetete Großherzog dunkt, worum sott drno e kleini, glickligi Mueder vun fimf Kinder nit au dunke derfe? Hä? »Siehsch«, het d'Mueder zum Vadder gsait, »deswege hämmer friehjer dr Großherzog au so gärn ghet. Will'r dunkt het. Was gäbdi, wenn selli große Herre hit au noch dunke däte. Do däte si uf ganz anderi Gedanke komme!« Drno het d'Mueder widerschtdunkt, bis kei bitzili Soß meh uf-em Teller gsin isch. Au dr Vadder het glacht, un mir alli hänn dr Großherzog hochlewe lehn.

Vun sellem Tag ab het mr in unserer Familli immer drno, wenn eim ebbis nit basst het oder wenn einer ebbis, was mr gmacht het, nit het liide welle, ganz eifach gsait: »Dr Großherzog dunkt au!« Schu hämmer gwisst, daß mr's mache derf, au wämmer's eigentlig nit mache derf.

Evangelisch oder kathollisch?

Wege dr Schupfnudle kammer so schön stritte. Prowiäre des emol. Macht mr dr Teig drfir numme-n-us Mehl, Eier un Wasser oder us-eme bissli Mehl mit vil kochte Grumbiire, zue selle wo manchi au Herdepfel sage? Mir drheim hänn d'Schupfnudle nadierlig ohni Grumbiire gmacht. Des isch unser Rezept drfir: fir vier Persone nimmt mr ei Pfindli Mehl, wämmer will e Ei, e Priis Salz un lauwarms Wasser. Des Wasser schittet mr dussmah in d'Mitti vum Mehlhiffli in dr Schissel. Mr duet alles vrmengle, daß e glatter, weicher Teig drus wurd. Der derf awer nit z'dinn sin. Jetz nimmt mr e Stickli von dem Teig zwische d'Händ un duets dert solang zwirble, bis e längligs, dinns Wirschtli drus wird. Mr kann dr Teig au ufem Nudelbrett mit dr flache Händ waale, daß Schupfnudle drus were. Diä Schupfnudle were in 's kochig Salzwasser gschittet, in sellem wo si so lang bade un sprudle, bis si wider uftuche un owedruf schwimme. Mr holt si mit-em Seijer rus un loßt si abtropfe. Mr kann si zamme mit Tomate oder Fleisch oder miintwege au mit Epfelmus uf dr Tisch bringe.

Bi uns drheim geht jetz erscht d'Schupfnudle-Zeremonie los. Mir hänn e Kassroll uf-em Herdfiir stehn, selli wo mr mit Speck guet usgriiwe hänn. Jetzt kommt e Handvoll Surrkrutt nin, bis dr Bode ganz zuedeckt isch. Des Surrkrutt, wo bsunders guet isch, will's dr Iwerstand vum Esse vom Vortag isch, loßt mr e bissili köchle. Drno decke mr's mit-ere Ladung Schupfnudle zue. Dodriwer kommt wider Surrkrutt un drno wider e Ladung Schupfnudle. So geht des widerscht, bis d'Kassroll fascht gfillt isch. Mr losse alles e Wiili schmurgle, drwielschd mr drnewe gwirfelter Speck mit e bissili Zwiwle röschte. Au Brotwirfili, so Kracherli, kammer mit dem Speck iwer des ganz Schupfnudle-Gedicht streije. Manchi nämme statt Surrkrutt au Gällruwe. Mir isch 's Krutt 's Liäbscht.

D'andere, mit selle wo mr als stritte, nämme fir dr Schupfnudle-Teig numme 100 Gramm Mehl, drfir awer drei Pfund kochti Grumbiire, Eier un Salz. Us dem Teig duen si drno diä Schupfnudle rolle un im Salzwasser koche oder au in dr Pfann in Butter bache. Haha, kann i do numme sage. Des sin fir mich nämlig keini Schupfnudle, des sin Buewespitzli. Minni Mueder het des manchmol au gmacht. Bloß het ihri Uffassung vun Moral nit zueglehn, daß mir »Buewespitzli« gsait hänn. Mir hänn »Fingerli« drzue sage miän. Es sin änneweg Buewespitzli gsin.

Bi dere ganze Schupfnudle-Stritterei hawi vil glehrt. E Frau, wo us Badisch-Sibirie stammt, het mr vrzehlt, daß mr dert d'Schupfnudle us Grumbiire un Mehl macht. Will mr si mit dr flache Händ nit schupft, sundern werkelt, dät mr »Werkerli« drzue sage.

E anderi Frau us-em badische Bauland het mr berichtet, daß mr dert d'Schupfnudle numme us Mehl un Wasser macht. Mr heb awer nit Schupfnudle, mr heb Gänsstöpferli drzue gsait. Will die Schupfnudle so schön rutsche, het mr nämlig mit denne Teigwirschtli d'Gäns gstopft. Wenn bi denne friähjer d'Nochberi ganz lutt e Liäd gsunge het, drno hänn si gwisst, daß d'Nochbersgäns wider d'Gänsstöpferli d'lange Häls nabbekomme hänne.

Anderi hämmer vrzehlt, daß mr erscht in selle Johre Grumbiire unter dr Schupfnudle-Teig gmengt het, wo's Mehl knapp wore-n-isch. Einer het sogar behauptet, daß erscht selli Schwowe, selli wo vor-em Kriäg bi uns dr

Westwall baue helfe hänn, selli Unsitti mit dr Grumbiire im Schupfnudle-Teig ingfihrt hänn.

's kommt jo noch schöner. Bi minne Schupfnudle-Studie hawi erfahre, daß-es bigoscht evangelischi un kathollischi Schupfnudle git. I hab ruskriägt, daß d'Wälder, des sin selli Litt, wo bi uns im katholliche Tal dr Schwarzwald nuf wohne, d'Schupfnudle halwer mit Mehl un halwer mit Grummbiire mache. D'Landemer, des sin selli, wo drusse-n-in dr evangelische Rhinebini wohne, mache si us guedem Mehl, sell wo mit Grumbiire vrhunzt wäre dät. Jetz suech i numme noch sell Dörfli, wo's ökumenischi Schupfnudle git.

Villicht git si's bal dert, wo seller katholisch Pfarrer d'Summerzitt vrhobasst het. Des isch an sellem Sunndig gsin, wo si ganz in dr Friähji d'Uhre umgstellt hänn, will dr Tag länger wäre sott. D'Uhre wäre mittle-n-in dr Nacht e Stund vorgstellt. Deswege muesch am nägschte Morge, wenn de noch dr nei Zitt gehsch, e Stündli friähjer dran sin. Des hänn alli Litt au gwisst, un si sin deswege e Stund friähjer in dr Kirch bi dr'Mess gsin. Wer nit dogsin isch, des isch dr Pfarrer gsin. Wo si noch-em gschickt hänn, isch'r noch im Bett glege. »Was wellen'r denn?« het'r gfrogt, »mr hänn doch noch Zitt!« Do hänn si-em awer gsait, was d'Glock gschlage ghet het.

Un wägeworum isch seller Pfarrer vrschlofe? Er het als katholischer Pfarrer durch's Fenster vum Pfarrhuus niwer uf d'Uhr am Kirchturm vun dr evangelische Kirch gluegt. Selli het awer dr Kirchediäner in sellere Naacht nit umgstellt, will'r denkt het, des dät au noch am Vormiddag lange. Do isch dr Pfarrer awer grennt, demit'r d'katholisch Zitt wider ingholt het.

D'Entejagd

Unser Städtli het's immer schu mit dr Soldate ghet. Mol isch des guet gange, mol hänn si Fiir un Schwefel brocht. Z'erscht sin d'Römer bi-n-ich ghuckt. Vor e paar Johr hämmer d'Fundamenter vun denne ihre Hiisli un sogar e Töpferei usgrawe. Kuhm hämmer dr erscht Bachstein gfunde ghet, hänn selli Herre vun dr Universität schu gsait, us wellem Johrhundert der isch. An-eme silwirige Stickli Geld hänn si expliziärt, zue wellem Kaiser seller Soldat, der wo des vrlore het, »Heil« briält het.

Später sin d'Schwedische komme, drno wider d'Kaiserlige us-em ganze Ditschland un drzwische immer wider emol d'Franzose, will selli jo so gern iwer dr Rhin gehn. Endlig hämmer eigini Soldate kriägt. Sell het nit so arg lang ghebt, will si ball in dr Kriäg hänn miän. Kuhm isch'r vrlore gsin, hämmer uns dummelt, daß mr wider Soldate bekomme. Sell het noch weniger lang ghebt. Schun sin d'Franzose wider do gsin. Kuhm hämmer uns mit dr Franzose vrtrage ghet, hänn si wider heim miän. Dodrfir hänn si uns d'Kanadier gschickt, selli wo noch-em Kriäg in Frankrich hänke bliewe sin. Mr komme au mit denne ganz guet us. Des bewiist schun des Gschichtli vun sellere Entejagd.

Im e Stadtviertel, nit witt vun dr Schutter entfernt, wohne au e Huffe Kanadier mit Kind un Kegel. D'Schutter, des isch seller Fluß, der wo us-em Schwarzwald kommt, durch unser Städtli fliäßt un drno drusse-n-in dr Ebini im Rhin zuegeht. Manchi meine jo, des dät kei Fluß, des dät numme-n-e Bächli sin. Awer Ente het's in dem Bach allemol. Un e sonigi Ent het sich mitts im Summer mit ihre fimf Junge vrirrt un isch uf eimol zwische dr

Hiiser rumgwatschelt. »Kwak-wak-wak-wak-kwak«, het si briält un d'junge Entli sin hinterdrin. Glich sin e Huffe Litt uf d'Stroß grennt, wo diä Ent mit ihre Junge im Gras vun dr Anlag gsin isch.

Alli hänn jetz dischkeriärt, was mr mache sott. Do isch einer vun selle Kanadier, selli wo unter dr Lohrer gstande sin, uf e gueti Idee komme. Dr Kanadier isch niwer in selli Zoohandlung am Eck un het e Schmetterlingsnetz un e Kischt fir dr Transport vun dr Hind gholt. Alli hänn glacht un briält, wo-n'r us-em Lade komme-n-isch. Einer vun dr kuraschiärte Ditsche het schnell eins vun denne Entli mitem Netz ingfange un in d'Kischt gsteckt. Uf eimol isch d'Ent, selli wo gfaucht un gschnattert het, au in d'Kischt zue dem Junge gwatschelt. Jetz isch's nimmi schwer gsin, dr Rescht vun dere Entefamilie inzfange.

Alli sin in dr Kischt gsin. Awer noch lang nit drunte-n-im Fluß. Dr Kanadier, seller wo diä guet Idee ghet het, het mit Händ un Fiäß noch-ere Antwort gfrogt, was jetz z'gschehne het. 'r het uf diä Kischt mit dr Ente ditte un het gsait: »Änd nau?« Do hänn diä Ditsche, diä wo drumrum gstande gsin, nadierlig gmeint, der hätt gfrogt: »Ent nau?«

Einer vun dr Ditsche isch vor un het gsait: »Mr miän d'Ent an d'Schutter bringe?«

Dr Kanadier het d'Schultere zuckt un het's Muhl vrzoge.

»Diä Kischt do mueß an dr Bach, vrstehen!« het dr Ditsch gsait un het d'Kischt e bissili ghebt, bis d'Ent drinne gschnattert het.

»Nix vrstehn«, het dr Kanadier gsait un het au an dr Kischt ghowe.

»An dr Fluß, Menschenskind!« het dr Ditsch briält un isch fascht vrzwifelt, will der Kanadier nix kapiert het.

Do isch im Ditsche e Idee komme. 'r het gstrahlt un het zum Kanadier gsait: »D'Ent an dr Mississippi, vrstohsch!« Dr Kanadier het ganz großi Auge kriägt. »Ent an dr Missisippi!« het dr Ditsch nomol gsait un het dr Kischt e Tritt gänn.

Jetz het dr Kanadier gstrahlt un het gsait: »I anderständ! Mississippi!«

»In d'Händ! Ent in d'Händ!« het dr Ditsch briält, un schun hänn beidi d'Kischt ghebt. Si hänn si nabtreit an d'Schutter un hänn si dert an dr Böschung ufgmacht. D'Ent het e Wiili dere Sach nit traut. Drno isch si awer rus un alli fimf Entli hinterdrin. So sin si ins Wasser un nix wiä drvungschwumme.

»Wandervoll, Ent wandervoll!« het dr Ditsch in sinnem beschte Englisch briält. Un dr Kanadier het gstrahlt: »Mississippi gut! Mississippi wanderfull!«

's Erdbewe

Manchmol im Summer, wenn d'Vögel so friähj pfiffe, daß de nimmi schlofe kannsch, steh i uf un schlich mi ganz liislig in d'Kuchi. Dert mach i dr Lade uf, daß i am Himmel sehne kann, wiä dr Dag ganz hälinge hinter dr Nochbere ihre Hiiser nufkrabbelt un d'Sunn drno durch d'Wolkelöcher blinzelt, wiä wenn si mir e bsunders schöner un gueter Tag winsche wott. I mach e Käffili, huck mi ganz elleinig an dr Kuchitisch un brockel e bissili Brot in dr Kaffee, seller wo i mir so neweher kocht hab. I due gmiätlig sirpfle un diä Brotmöggili mit-em Löffili rushole un uf d'Zung lege, wo si grad vrgehn.

So isch's au an sellem friähje Morge gsin. Drusse-n-im Garde hänn d'Vögel pfiffe. Bi mir in dr Kuchi drinne isch's awer miislig still gsin. I hab so e bissili vor mich hinpfuust un hab vun alte Zitte traimt. Uf eimol isch's mr gsin, wiä wenn alli Vögel in ihrem Singe-n-un Pfiffe e Paus mache däte. So still isch's vorusse wore. Plötzlig het's in dr Luft zittert, wiä wenn's irgendwo dundere dät. I bin ufgschreckt un hab d'Ohre gspitzt. Do! 's ganz Huus het anfange z'wackle. Ich bin uf minnem Stuehl rumguugt, wiä wämmer uf-em Wasser schwimme dät. 's Gschirr im Kuchikänschterli het kleppert un d'Kuchitür isch ufgange, wiä wenn si e Geischt ufgmacht ghet hätt. Drno isch alles wider still gsin. I hab grad ufstehn welle, do het diä Wacklerei un Guugerei nomol angfange. 's Huus het sich gschittelt, wiä wenn's Fiäwer bekomme dät. Jetz het au dr Kaffee in dr Schissel gschwabbelt, daß'r fascht driwer nus isch. Do hawi gwisst, was botte-n-isch. E Erdbewe! Nocheme Wiili het's 's drittmol gwackelt. Dismol awer nimmi so arg wiä vorher. Drno isch alles vorbi gsin.

Sag jo keiner, daß mr bi so-n-eme Erdbewe nit e wengili Angscht bekommt! Wenn's uf eimol bruust un drno alles gschittelt wurd. Wenn de spiirsch, wiä de do hucksch un di iwerhaupt nit wehre kannsch. Wenn de ganz machtlos bisch un nit emol meh drvunrenne kannsch. De kannsch numme warte un zittere.

Bi uns do sin so Erdbewe jo nit so schlimm wiä in andere Gegende un Länder. Änneweg het's friähjer z' Lohr bim-e Erdbewe emol Kaminer umgschmisse. Un vor ebene zweihundert Johr isch sogar e Bue vun-eme Stein totgschlage wore, seller wo vum Stadttor rabkeit isch. So hets domols einer ufgschriiwe.

Schun e Stund später hänn sie an minnem Erdbewe-Morge im Radio gsait, daß-es im Rhintal e Bewe ghet het, sellem wo sinner Herd awer driwe-n-im Schwäbische gsin isch. Wo mr später d'Litt in dr Stadt troffe het, het mr erfahre, daß d'meischte gschlofe un vun dem Erdbewe gar nix gspiirt ghet hänn.

Gege Owend hab i im Wirtschäftli noch e Viertili pfetzt. Selli Rundi isch um dr rund Tisch ghuckt, will si do alles besser macht, wiä selli driwe-n-im Rothuus oder selli bi dr Regierung. Nadierlig het mr iwer's Erdbewe dischkeriärt. Wiä's guugt het, wiä's Gschirr in dr Käschte kleppert het un wiä mr het meine könne, mr dät samt-em Huus uf dr Welle ritte. Do het sich d'Frau Hämpfili newe mir au z' Wort gmeldet. »Mir sin noch im Bett glege, minner Mann un ich«, het si posaunt. »Awer bi uns het nix bebt!« Erscht wo alli in dr Rundi glacht hänn, het si gmerkt, was si do jetz grad gsait het. »Kaiwe, elendigi«, het si bruddelt un het mitglacht. Drno het si mich gfrogt, ob mr so-ne Erdbewe nit vorussage könnt. Drno dät si 's nägscht Mol besser uffbasse, will si's doch au emol erlewe wott. Do het si ihr Nochber, seller durchtriiwe Kaib, angluegt un het gsait: »Vorussage? 's Bewe? Do miän'r schun eiere Mann froge!«

Jetz warte mir alli uf's nägscht Erdbewe. Un d'Frau Hämpfili mit uns.

Gued badisch

Will dr Napoleon uns vor viele, viele Johre e Großherzog gschenkt het, simmir Alemanne jetz gued badisch. Sitr dert koche si bi uns nit numme alemannisch. Nai, au badisch. Des mueß mr wisse, wämmer uns in dr Kochhafe luege will.

Wenn dr Merrettigmann us Urloffe an dr Huustür gschellt het, het d'Großmueder schnell noch minni Mueder gholt. Schun hänn si beidi ans Ochsefleisch denkt. Seller Meerrettigmann het e blauer Tschobe anghet un e luschtigs Käppli uf-em Deets. 'r het dr groß Sack vum Rucke rabgnumme, demit diä Wiiwer selli Meerrettigstange hänn bstuhne könne. D'Großmueder het gluegt ob diä Wurzle au schön dick un usse nit arg schrumblig gsin sin. Un nit kiidrig drzue. Noch-em Handel hänn si mit dem Mann noch e bissli babbelt, will'r doch so vieli Gschichtli un au 's Neischt us dr ganze Gegend gwißt het. Welli kriägt e Kind, und welli kriägt keins, obwohl mr's jo gmeint het. Weller Mann isch e Suffluudi un weller e Meischtergschäftiger. Welli alt Schiir brennt uf eimol wider, und bi wellere hänn sie umesunscht zinzelt.

Dr Meerrettig hämmer fir's Samschdigesse brucht, wiä's Schleckli fir d'Fläde oder wiä dr Bibbiliskäs fir d'gschwellte Grumbiiere. D'Mueder het diä Meerrettigstang gwäsche, suufer gschabt und drno uf-em Riibiise griiwe, bis-ere d'Träne d'Backe nabgrennt sin. Us dem Meerrettig het si drno e Sößli zammeköchelt. Am Samschdig isch des uf dr Tisch komme. Dert het's nämlig Ochsefleisch gänn un gsottini Grumbiiere un manchmol au no roti Rahne un Gugummeresalat drzue. Ich hab jo sell Fett am Rand vun dem Rindfleisch nit liide könne.

Awer d'Mueder het gsait, daß des 's Bescht dran isch. Mr miäßt numme vil Sempf un Meerrettig drzue esse.

Dr Meerrettig het eim schun in d'Naselöcher gstoche, kuhm daß mr ne uf-em Teller ghet het. Bim Esse isch'r eim us-em Hals innedrinne in d'Nas nufgstiige un het eim au in dr Auge brennt. Mei, do hesch hiile könne! »Des butzt eim durch«, het dr Vadder gsait, »do kriägt mr kei Schnubbe meh!« Drno het'r au ghiile.

Neilig bin i wo inglade gsin. Do hets bigoscht am Friddig Ochsefleisch un Meerrettig gänn. Hoho, hawi gmacht, des dät bi uns drheim 's Samschdigesse sin. Schun hawi wider ebbis glehrt. Nai, het mr dr Huusherr expliziärt, er dät us-ere guede evangelische Familli komme. Friähjer heb mr z'Lohr bi dr Evangelische 's Ochsefleisch mit Beilage am Friddig gesse, demit mr sich vun dr Kathollische abghowe het, fir selli wo des e Samschdigesse gsin isch.

Mir isch sell Biewli ingfalle, sell wo mit denne Konfessione nonit so gnau Bscheid gwißt het. Wo dr Lehrer e neis Klassekamerädli vorgstellt und gsait het, daß der nei Mitschiäler dr Sohn vum neije Pfarrer sin dät, der wo jetz ins Städtli komme-n-isch, do het der Bue gfrogt: »Vum evangelische oder vum kathollische Pfarrer?«

Un seller ander Bue het sich mit-em Ochsefleisch gar nit anfreinde welle. Wider emol hets des Samschdigesse gänn. D'Mueder het gsait, daß dr Bue jetz bette sott. Do het dr Bue gsait: »D'Supp mag i nit, Kottlett git's nit, un wege-n-em Ochsefleisch bett i nit!«

Spootjohr

Lueg, d'erschte Epfel keije rab.
Min Moschtfaß isch schun butzt.
D'schwarz Amsel fliägt in Garde nab,
Will's Singe nix meh nutzt.

Schleckli

Manchmol mueß mr e siäßes Schleckli suur vrdiäne. Dodrvun will i jetz vrzehle. 's isch in sellere Zitt gsin, wo mr nit arg schleckrig het sin derfe. Vun wege jede Morge Butterfläde un z'Owend Wurscht un jede Sunndig Broodis. Zum Middagesse Griäßpfludde mit Spinat oder Dummis mit Epfelmues un owends Brägili mit Griewe oder gschwellti Grumbiire mit Bibbiliskäs. Wämmer manchmol 's Muhl vrzoge hänn, het d'Mueder gsait, si dät uns gli d' Zung mit-em Stuehlbein schawe, drno däte mr z'friede sin. In selle Zitte, wo mr dr erscht Kriäg nonit ganz vrgesse un dr zweit schu wider gspiirt het, het mr alles doon, demit ebbis in d'Schlecklihäfe un in dr Keller komme-n-isch.

»Gehn'r mit in d'Heibere?« het dr Unkel vun Burge gfrogt. D'Mueder isch gli Fiir un Flamm gsin. Mir mit unsere vornehmere, städtische Art hänn jo »Heidelbeere« gsait.

Dr Unkel awer het uf »Heibere« bstande. Er dät bi Owerwiir im Wald drowe e gueter Schlag kenne. Dert dät's Heibere gänn, daß dr ganz Bode blau schimmert. Si dät e guets Schleckli drvun mache un au e gueti Portion sterilisiäre, het d'Mueder gmeint, un au dr Vadder het gsait, daß'r zue dr Amlett gern Heibere ißt, au wämmer immer so blaui Zähn drvun bekommt. »Am Sunndigmorge gehm'r los«, het dr Unkel gsait un het uns mit dr Fahrrädli uf Burge kummediärt.

Dr Vadder, d'Mueder un ich hänn an sellem schöne Sunndigmorge dr Unkel mit dr Fahrrädli in Burge abgholt. Mir hänn zwei großi Milichkanne mit Deckel un e allmachtsgroßer Butzeimer ohni Deckel an dr Fahrrädli hänke ghet. Drzue het jeder noch e Becherli am Gürtel ghet, fir d'Heibere z'sammle.

E Stickli witt hämmer in dr Wald nufwandere miän. Drno isch unter selle große Bueche un Eiche bigoscht e Heibereschlag gsin, wiä mir us dr Stadt noch niä einer gesehne ghet hänn. Zwische dr griäne Blättli am Bode hänn d'blauwe Beerli rusgluegt un hänn druf gwartet, daß mr si zupft. Jeder vun uns het sich sin Revier rusgsuecht. Drno simmer an d'Ärwet. Mr hänn glacht un geschwätzt un drbi beerelt un beerelt. Immer meh Heibere sin in d' Becher am Gürtel gsammelt un vun dert in d'Kanne un dr Eimer gschittet wore.

Endlig hämmer e Paus gmacht. Dr Vadder un dr Unkel hänn ihri Kittel uf-em Bode usbreitet, un d'Mueder het 's Veschper us dr Dasch gholt, uf sell wo-n-i schu dr liäb lang Morge gspanieft hab. I hab nämlig gwisst, daß sie kochti Eier un Servila un Käs un guets Brot mit schöne Knissli drbi ghet het. Wer guet beerelt, het si gsait, seller soll au guet veschpere. Au Tee het si in dr Thermosflasch ghet un fir d'Männer e Griäsewässerli. »Du bisch noch kei Mann«, het si gsait un het mr d'Gutter vum Muhl zoge.

»Wämmer jetz noch mit dr Raffel raffle däte, drno wäre mr schu längst fertig«, het dr Vadder gsait un het sich dr letscht Rescht vum Veschper vun dr Läfze butzt. »Nix do«, het dr Unkel gsait. »Mit dr Raffel derf mr erscht gege 's End vum Juli schaffe!« Will i e bissili dumm gluegt hab, hänn si mir expliziärt, daß-es so großi Raffle git, selli wo wiä-n-e Strähl durch d'Heiberebüsch zoge wäre, demit au d'letschte Beere vun dr Stiel keije. Manchi däte jo iwerhaupt bloß raffle. Dodrvun däte awer diä Strüch kaputt gehn. Drno dät's im nägschte Johr in so-ne-eme Schlag nimmi vil Heibere gänn.

73

Noch-em Veschpere hämmer uns wider buckt un hänn zupft un zupft, bis mr langsam krizlahm gsin sin. D' Mueder het sich jetz immer wider gstreckt un het gmeint, daß mr sell siäß Schleckli jo arg suur vrdiäne miäßt. Wenn diä gwisst hätt, was noch uf uns wartet!

Am Nomiddag hämmer alli Milichkanne mit Deckel un seller groß Butzeimer ohni Deckel voll mit Heibere ghet. »Gehm'r!« het dr Unkel gsait. Drno simmer gange. Immer sell Waldwegli nab im Waldrand zue, an sellem wo mr unseri Fahrrädli vrsteckelt ghet hänn.

Ich hab seller groß Butzeimer voller Heibere treit un d' andere d'Milichkanne. Dr Vadder isch hinter mir hergloffe un het alli paar Schritt geschumpfe. I sott doch ufbasse, het'r gmeint. Jetz dät wider so-n-e Wurzelstock komme, het'r ufbruust. Er könnt des nimmi mit ansehne, wiä ich mit dem Eimer voller Heibere dohinguuge dät. I hab mi rumdrillt un hab-ne beruhigt. Wägeworum i eigentlig minni Wanderschueh anzoge hätt, hawi wisse welle, wenn i jetz im Wald kei gueter Stand heb. Wägeworum er mir gar nix zuetraue dät un immer mit-em Schlimmschte rechne miäßt. So hämmer hin- un hergeschwätzt un sin immer widerscht dappt. I hab dr Eimer fescht in dr Hand ghet un hab-ne numme ab un zue vun einere Hand in d'ander gwechselt. Bi so-n-eme Wechsel het dr Vadder hinter mir binah Gischterli kriägt. Er miäßt weggucke, het'r gschraue, will'r diä Balangsiärerei mit denne Heibere nimmi mit ansehne könnt.

»I halt des nimmi us!« het dr Vadder briält, wo-n-i wider emol ganz elegant iwer e Baumstämmli ghopst bin, sell wo iwer dr Weg glege-n-isch. »I kann's nimmi mit anluege, wiä der Bue mit-em Eimer schongliärt. I kann's nimmi!« het'r zue dr Mueder gsait. »Gib mir endlig dr

Eimer her, daß i e Rueh hab!« het'r kummediärt. No het'r mr dr Butzeimer ohni Deckel gnumme un drfir d'Milichkann mit Deckel gänn.

Dr Vadder het kuhm fimf Schritt gmacht, do isch e schöni, glatti Wurzel wiä-n-e Schlang uf-em Waldweg glege. Nadierlig het'r si nit gsehn, will'r mit dr Mueder babbelt het. Schun isch'r usgrutscht un isch ins Stolpere komme.

Schnell het'r dr Eimer noch in dr Luft balangsiärt. 's het-em awer nix gholfe. Glich druf isch'r nämlig dr Längi noch uf-em Waldbode glege, un d'schönschte Heibere sin mitsamt-em Butzeimer drvunkrugelt. Diä Beerli hänn sich uf-em Waldbode mit sinne Tannenoodle un Omeise un Blätter vrteilt un sin wider dert glege, wo mr si dr liäb Tag lang so miähselig ufghebt ghet hänn.

Ihr derfe mir's glauwe, daß uns z'erscht emol 's Bluet in dr Oodere gstockt het. Dr Vadder awer isch uf-em Waldbode hucke bliewe un het glacht. Ganz lutt het'r glacht. Do hämmer alli lache miän. Mir hänn uns zue-n-em uf dr Bode ghuckt un hänn eifach glacht. »Oh Bue, oh Bue«, het dr Vadder 's eind um 's ander Mol gsait un het wider glacht.

»Schluß jetz mit dere Lacherei!« het dr Unkel gsait, »jetz mueß ebbis geschehne!« Drno het'r uns vrrote, daß'r so-n-e Heibereunglick nit 's erschte Mol erlebt. Er het e großer Ascht mit viele Blätter dran gnumme un het angfange, diä Heibere uf-em Waldbode zammez'fege. Vieli sin so noht bi-enander glege, daß i si grad mit dr Händ wider in dr Eimer hab schuufle könne. D'andere hänn dr Unkel un dr Vadder zammegfegt. »Diä komme drheim in d'Schwemmi«, het dr Unkel gsait, un mir sin wider widerscht dappt. Mr hänn immer noch glacht, un uf eimol hämmer sogar gsunge. »Das Wandern ist des Müllers Luscht«, hämmer gsunge, un niemeds isch meh gstolpert.

Drheim het dr Unkel dr groß Brunnetrog vor sinnem Huus mit Wasser vollaufe lehn. Drno het'r dr Eimer mit dr Heibere un dr Tannenoodle usgschittet. »So«, het'r gsait, »d'Heibere sinke jetz nab uf dr Bode vum Trog, un d'Tannenoodle schwimme owedruf. Dert miän'r si bloß noch abseije!«

Des isch e guets Rezept gsin. Mr hänn alles schön abgseit un hänn diä suufere, gwäschte Heibere wider in dr Eimer z'ruck. D'Mueder het e guets Schleckli drvun kocht. Mr hänn's im Winter uf dr Tisch kriägt. Wenn dr Vadder drno ab un zue e Tannenoodel us-em Schleckli gfischt het, hämmir angfange z'singe: »Das Wandern ist des Müllers Luscht!« Minni Gschwistere awer hänn wisse welle, wägeworum mir immer so bleed singe däte.

Dr Siegfried

's bassiärt jo nit so oft, daß mir Ditschi emol e Kriäg gwinne. Awer anne Siewezigeinesiewezig isch's bassiärt. Unseri Soldate sin bis uf Paris marschiärt. Dert het unser badischer Großherzog in sellem Saal mit selle viele Spiegili 's erscht Hoch uf dr ditsch Kaiser usbrocht. Des isch kei Kunst gsin, will seller doch sinner Schwiegervadder gsin isch.

Wo si usgfeschtet ghet hänn, sin alli wider heimmarschiert un hänn sich gfreit, daß-es au drheim ebbis zum Fiire gänn het. Bloß isch do plötzlig e Problemli uftaucht. Will's in dem Kriäg gar nit sovil Toti gänn het, hätte si in machem Dörfli gar keini Nämme uf's Siegesdenkmal schriiwe könne. Des het si nit in Vrlegeheit brocht. Wämmer schu keini Toti hänn stelle derfe, drno hämmer doch wengschens Männer us-em Dorf, diä wo als tapferi Soldate drbi gsin sin. Jetz miäm'r us denne eifach Helde mache un miän denne ihri Nämme uf's Denkmal schriiwe.

Anne Nienenienzig hänn si 's Geld fir e Denkmal zammeghet. Einer us dr Stadt, seller wo sunscht so schöni Engili fir uf d'Grabsteiner us-em Sandstein un us-em Marmor rusghaue het, het's Denkmal fir's Dörfli mache sotte. Uf dr Platz zwische dr Kirch, em Roothuus un-em »Ochse« het mr's hinstelle welle. Drno miäm'r jedsmol, wämmer in d'Kirch, ins Roothuus oder fir e Viertili in dr »Ochse« gehn, an unseri Helde denke, het einer gsait. Un will selli Helde, dänne wo ihri Nämme uf-em Sockel vum Denkmal goldig gleichtet hänn, noch glebt hänn, desswege hänn selli an sich selwer denke derfe.

Dr Künschtler in dr Stadt het in d'Händ gspaut un het 's Denkmal us-eme große Steinblock rusgmeisselt. 'r het des in zwei Teil gmacht. 's eind Teil isch dr Sockel gsin. Dert isch's groß gstande: »Unseren Helden – 1870–1871 – zum treuen Andenken«. Uf d'Sitte sin d'Nämme vun dr Infantrischte, dr Artillerischte un dr Dragoner komme, selli wo jede Samschdig am Stammtisch im »Ochse« ihri Gschichtli vrzehlt hänn. Bsunders dr Schakob het vun eim Johr zum andere meh Granate explodiäre un meh Kugle pfiffe lehn. Bis emol einer us dr Stadt mit am Stammtisch ghuckt isch. »Schakob«, het seller gsait, »du bisch jo in selle Woche gar nit drbi gsin. Du hesch doch dert dr Umlauf am Duume ghet un bisch in sellere Schuel ganz witt hinte im Lazarett gsin!« Do het dr Schakob sinner Duume angluegt un het gmeint, daß'r änneweg e Schade mit heimbrocht het.

Nit daß'r meine. Im Schakob sinner Namme isch au uf dr Sockel vum Denkmal zue dr Nämme vun dr Helde komme. Wiä gern isch'r später drvor stehnbliewe und het sinner eige Namme glese. Manchmol, wenn einer vun dr andere Helde drzue komme-n-isch, het dr Schakob schnell dr Duume im Hosesack vrsteckelt.

Jetz awer kommt's erscht. Wo si seller Sockel in dr kleine Anlag ufgstellt ghet hänn un dr Mörtel im Fundament trickelt gsin isch, het dr Künschtler endlig au 's Owerteil mit-eme Ochsekarre anfahre lehn. Mit Seiler un Winde, mit Stange un Hebiise hänn si gschafft, bis-es uf-em Sockel gsin isch. E Soldat isch's gsin. E Infantrischt, seller wo dr Künschtler us-em Stein rusghaue het, wiä wenn'r lewendig sin dät. Ei Bein het dr Soldat e bissili vorgstellt, wiä wenn'r grad gege d'Franzose vorrucke dät. Ganz ufrecht isch'r dogstande, so wiä Helde dostehn. In dr link Hand het'r e Fahne ghebt, seller wo druf gewartet het, daß-en dr Siegeswind hoch in d'Luft flattere loßt. Mit dr räschte Hand het dr Soldat sinner Säwel fescht in dr Fuscht ghebt. 'r het ne schun us dr Scheid ruszoge ghet, un mr het gspiiert, wiä'r-ne gli hochrisse wurd, will's Attacke bloose het. Sogar d'Patronetasche am Koppel het dr Künschtler so echt us-em Sandstein rusgmeisselt, daß de gmeint hesch, de könnscht d'Knöpf uf- un zuemache. Un dr Tschako erscht. Heidebritsch, wiä het der Taschako uf-em Kopf vun dem Held in dr Sunn gleichdet, wenn si owends nomol uf dr Platz gluegt het.

Schön un stolz isch dr Soldat uf-em Sockel gstande. Bloß im Vorstand vum Militärverein het ebbis nit basst. »Der luegt nit ge Frankrich niwer. Der luegt in dr ›Ochse‹!«, het'r konstatiärt. Awer dr Künschtler het gmeint, daß des sinni künschtlerischi Freiheit isch, un schließlig miäßt dr Soldat au vun ebbis lewe, demit'r kämpfe kann.

»Jetz steht'r felsefescht, dr Siegfried«, het dr Burgermeischter gsait un het nomol an dr Figur gnoddelt, um ze priäfe, ob si uf-em Sockel au wirklig hebt un keini Gfahr für d'Birger abgit. »Siegfried«, het dr Burgermeischter zue dem Soldat un Kämpfer un Sieger gsait. Vun dert ab het'r im ganze Dorf so gheiße.

Kuhm het dr Siegfried sinner Namme ghet, hänn si-ne am-e schöne Sunndig ingweiht. D'Glocke hänn glitte, d'Schütze hänn mit dr Böller gschosse, selli vum Militärverein hänn ihri Flinte, diä wo numme noch d'schwarze Barablie gsin sin, präsentiert, un dr Burgermeischter het e schöni Red ghalte. Vom Kaiser het'r's ghet, vum Bismarck, vum Großherzog, vun dr Franzose, sellene wo unseri tapfere Soldate emol zeigt hänn, wo dr Barthel dr Moscht holt. Un nadierlig au vum Siegfried, seller wo drowe gstande-n-isch un niwer zum »Ochse« gluegt het.

D'Jumpfere hänn Blueme an dr Sockel vum Siegfried glegt. Drno hänn alli, denne wo ihre Nämme uf-em Denkmal gstande sin, mit-em Freibier vum Burgermeischter noch emol dr groß Sieg iwer d'Franzose gfiirt.

So isch dr Siegfried ebene siewezig Johr zwische dr Kirch, em Roothuus un-em »Ochse« gstande. 'r het niemeds schiniärt. 's het Zitte gänn, do hänn manchi gsait, mr dät keini Helde meh bruche un mr sott dr Siegfried abmontiäre. Drno sin wider anderi komme, hänn im Siegfried Kränz un Blueme an dr Sockel glegt, hänn mit dr Gwehr gschosse, un sogar dr Pfarrer het d'Glocke litte lehn, will'r gsait het, mr miäßt mit dr Wölf hiile. E anderer Burgermeischter het e neiji Red ghalte un het gsait, mr miäßt wider iwer dr Rhin luege, will mr jo inzwische wider e Kriäg vrlore ghet hänn. Diä Revangsche dät so siäß sin. »Es isch Zitt, daß mr wider d'Helde zeige!« het'r gsait un het zum Siegfried nufditte.

Ball druf hämmer wider e Kriäg vrlore ghet, un d'Franzose sin sogar iwer dr Rhin komme un sin ins Dörfli inmarschiert. Dr Siegfried het si awer nit kimmert. Un vun dr Helde, selle wo ihri Nämme uf-em Denkmal gstande sin, het keiner meh glebt. Numme dr Siegfried het alli iwerduurt.

No isch seller Tag komme, wo einer im Gmeinderat gsait het, dr Siegfried dät jetz d'Autöli schiniäre. Selli däte dr Rank am Denkmal nimmi kriäge. Dr Rank mueß widerscht gmacht were, dr Siegfried mueß eweg, het's gheiße. Wochelang hänn si im ganze Dörfli dischkeriärt. »Hände weg vom Siegfried!« hänn d'einde an d'Wänd gschmiärt. »Wir brauchen keine Helden mehr!« hänn d'andere gmeint. Eh 's ganz Dörfli gspalte gsin isch, het dr Burgermeischter ingriffe. 'r het im Stroßebauamt gsait, si sotte schnell e Plänli fir d'Vergrößerung vum Rank mache. Er dät drfir sorge, daß dr Siegfried vrschwindet.

Wider hänn si im Gmeinderat dischkeriärt un sich eschoffiärt. Dr Siegfried soll vor dr Schuel ufgstellt wäre als e Vorbild fir d'Kinder, het einer gmeint. Des dät grad noch fehle, het dr Lehrer bruddelt, daß mr d'Kinder mitem Anblick vun-eme Helde dät schädige. Schun isch dr Deifel los gsin. Dr Pfarrer het dr Siegfried nit uf-em Kirchhof welle. Vor 's Roothuus dät'r au nit basse, het dr Burgermeischter expliziärt. Do hänn si sich druf g'einigt, daß mr dr Sockel vum Denkmal mit dr Nämme vun dr Helde in selli nei Griänanlag hinterem Roothuus stelle un dr Siegfried vorerst im Schöpfli deponiäre sott.

So hänn si's gmacht. Dr Siegfried het im Schöpfli bim Roothuus d'längst Zitt guet ingwickelt gschlofe. Niemeds het me an-e denkt. Jetz awer hänn si e neis Schuelhuus baut, un dr Gmeinderat het's Gelände bsichtigt, sell wo dr Schuelhof het gänn sotte. Noch dr Sitzung sin si alli in dr »Ochse« gange, wo si d'Sitzunge als bi-me guede Viertili usbamble lehn. Dert isch im Burgermeischter uf eimol e Idee komme. »Gehn mit, Männer, mir isch ebbis ingfalle«, het'r gsait un alli sin mit.

Si sin durch d'stockfinster Nacht zue sellem Schöpfli. Dr Burgermeischter het dr Siegfried uspackt. »Jetz duen mr dr Siegfried dert driwe vor-em neije Schuelhuus begrawe un losse-ne fir alli Zitte unterem Pausehof schlofe.« Alli hänn gspektakelt un krakeelt. Si hänn e Wage vun dr Feierwehr gholt und hänn denne Siegfried mit Bengel und Dille nusdroolt. Dodrbi isch-em dr Kopf abkracht. »Denne lege mr drnewe«, het einer gsait un het dr Kopf mit-em Tschako drvunkrugelt.

Wo si 's Schuelhuus ingweiht hänn un d'Kinderli vor-em Inzug im Schuelhof e schöns Volksliäd gsunge hänn, do hänn numme selli Gmeindsrät un dr Burgermeischter gwisst, daß diä Kinderli justament uf-em vrgrawene Siegfried stehn. »So isch's räscht«, het dr Lehrer gsait, wo dr Burgermeischter des Vrgrawe später emol gstande het. »Dert leit'r guet. Mir bruche-n-e nit!« Im Burgermeischter isch des awer nit ganz g'hiir gsin. Deswege het'r gsait: »Wämmer-ne wider emol bruche, drno kammer-ne jo wider usgrawe. Dr Kopf wurd mr dranbäbbe könne!«

Sell will i meine. Was wotte mir Ditschi au mit kopflose Helde afange?

D'Wildsau

Erscht wenn de eini uf d'Backe bekommsch, wursch manchmol gscheit. Oder de muesch nindappe, bis de spiirsch, daß de drnewedappt bisch. So isch's au sellem junge Lehrer gange, selle wo si vum Schuelamt in e kleins Dörfli drusse-n-am Rhin gschickt hänn. Er het dänne Buewe un Maidli nit bloß Rechne un Schriiwe beibringe welle. Nai, diä hänn bi-n-em au ebbis vun dr Heimet lehre sotte. Wiä d'Römer anne dunnemols iwer dr Rhin komme sin un wiä si mit dr Alemanne ghändelt hänn. Wiä mr später iweral Burge baut und d'Buure unterdruckt het, un wiä si immer wider dr Rhin nuf un dr Rhin nab Soldätlis gspielt un alles kaputt gmacht hänn.

Drzwische het dr Lehrer mit dr Kinder Usfliig durch d'Matte un d'Ackere gmacht, demit si d'Nämme vun dr Blueme un vun allem, was im Feld wachst, glehrt hänn. Jetz het'r's mit dr Viecher ghet, selli wo d'Buure im Stall stehn hänn un selli andere, wo's drusse-n-in dr Matte un im Wald am Rhin git. D'Kinderli hänn alli ufzehlt. D'Hase, d'Kanickel, d'Füchs, dr Marder, dr Iltiss, d'Fasane und d'Rebhiähner, d'Reh un dr Bussard. Jetz awer isch dr Lehrer uf's Glattiis gange, obwohl's um diä Johreszitt gar kei Iis gänn het. Wo einer vun dr Buewe bi dere Ufzählung vun dr Viecher briält het: »D'Wildsau!«, do het sich dr Lehrer gfreit, daß dr Bue au noch des gwißt het. Es dät bstimmt nit vieli Wildsäu in dr Gegend gänn, het dr Lehrer gmeint. Do isch'r awer bi dem Biewli an dr Falsch grote. Nadierlig dät's Wildsäu gänn, het seller gmeint. Diä Wildsäu däte nämlig naachts vum Elsiß komme un däte iwer dr Rhin riwer schwimme.

Do isch dr Punkt gsin, wo dr jung Lehrer denkt het,

daß'r jetz dere Klass emol dr Meischter zeige miäßt. 'r het tiäf Luft gholt un het drno im Bruschtton vun sinnere Iwerzeigung gsait: »Eine Wildsau kann nit schwimme!«

»E Wildsau kann schwimme!« het sell Biewli, sellem wo sinner Vadder dr Förster gsin isch, posaunt un isch in dr Bank ufgstande.

»Nai!« het dr Lehrer drgege gsait. »Eine Wildsau kann nit schwimme!« Er isch sich dere Sach ganz sicher gsin. E Wildsau un schwimme! Des dät grad noch fehle, het'r mit sinnem Vrstand denkt, selle wo-n'r us dr Stadt mitbrocht ghet het.

's Biewli isch felsefescht bliewe. »Un si kann doch schwimme!« het dr Bue gsait un d'ganz Klass het wiä elektrisiärt des Duell vrfolgt.

Dr Lehrer isch jetz an d'Bank vun dem Biewli gange. Schun het'r dr nägscht Bock gschosse. 'r het mit sinnere Autorität spiele un sinni geischtige Muskle zeige welle. »Wenn dr Lehrer sagt, eine Wildsau kann nit schwimme, dann kann sie nit schwimme. Vrstehsch!« Des het dr Lehrer gsait un het des Biewli scharf anguckt. Seller Bue het awer dr Kopf zruckgworfe und het gsait: »Un si kann doch iwer dr Rhin schwimme!«

Do het dr Lehrer dr dritt Fehler gmacht. Bätsch, bätsch het'r dem Biewli uf d'Backe ghaue un het dänne Dischput abgschlosse: »Un si kann nit schwimme!« 's Biewli het ghielt un het sich wider in d'Bank ghuckt, drwielschd dr Lehrer noch ebbis vun dr Wälder am Rhin vrzehlt het un was fir schöni Vögel 's do drinne git.

Am nägschte Dag hänn si grad Rechne ghet. Do isch uf eimol d'Tür vum Klassezimmer ufgrisse wore un im Förster sinni Frau isch ringstirmt. Des isch d'Mueder vun sellem Wildsau-Biewli gsin. Eh dr Lehrer kapiärt het, was do gspielt wurd, isch d'Försteri schun bi-n-em gsin un het-em eini uf dr Backe gschmiärt. »So«, het si briält, »daß'r 's wisse. D'Wildsau kann doch schwimme!« Schun isch d'Frau wider drusse gsin. Dr. Lehrer het sich dr Backe ghebt, uf sellem wo-n'r 's Fiir im Elsiß gspiirt het. Drno het'r mit-em Rechne widerscht gmacht, wiä wenn gar nix bassiärt wär. In dr Bänk awer hänn si alli d'Händ vor d'Mühler ghebt, demit dr Lehrer nit sieht, wiä si alli grinst hänn.

»Lehrer«, het dr Förster am Owend am Stammtisch gsait un het im Lehrer e guets Viertili hingschowe. »Nix fir unguet«, het'r gsait un het gmeint, daß sinni Frau halt immer räscht han miäßt. Dismol heb si au räscht ghet, will e Wildsau schwimme kann. »'s isch räscht un guet«, het dr Lehrer gsait un het-im Förster Bscheid doon. »Manchmol mueß au e Lehrer ebbis lehre, wenn-em ebbs dr Bach nab geht. Un wenn's e Wildsau isch!«

D'Nussebengler

Hätt ich's mr traime losse, daß i uf minni alte Däg noch ebbis vun dr Krabbe lehre derft? Jetz isch's bassiärt. Minner Nochber het e allmachtsgroßer Nußbaum. Schun im Friähjohr, wo selli griäne Wirstli dran ghänkt sin, het mr's gmerkt, daß-es e Nussejohr git. An alle Äscht sin drno d'Nusse huffewiis ghänkt. Dr Nochber het Dag fir Dag gspanieft, ob diä griäne Schale nit ball platze. Nadierlig hab au ich gluegt. Selli Nusse, wo uf's Trottwar keije, selli derfsch ufhewe un mit heim nämme.

Jetz sin d'Schale platzt. Dr Nochber het zamme mit sinnere Frau angfange mit-em Nussesammle. Kuhm het dr Wind e bissili an dr Äscht gnoddelt, sin si au schu nusgrennt in dr Garde un hänn diä paar Nusse ins Körbli. Mit dr Zitt hänn si ganz bruuni Doobe bekomme. »Jetz miäm'r bengle«, het dr Nochber zue mir riwerbriält. »Si keije nimmi vun elleinig rab!« Mit zwei lange, dinne Haselstecke hänn si uf dr Äscht rumbengelt. Do sin d'Nusse numme so rabboldert. Nusseschwengle sage si andere-n-orts zue dem Gschäft.

I bin uf-em Trottwar gstande bi dere Benglerei un hab selli Nusse ufghebt, selli wo drnewe keit sin. I bin mit dr Nusse heim un hab minnere Frau gsait, daß mr jetz au ebbis zum Knacke hänn un daß i jetz Nusskiächli mache dät. Do het mi minni Frau usglacht. Ich un Kueche bache, het si gmeint un het nomol ganz spitzig glacht. Do hawi Nusskiächli gmacht, wiä mr si friähjer als Kinder gmacht hänn. I hab e paar Nusse ufknackt un hab d'Nusskern mit-eme Messerli ganz fiin vrhackt. Jetz hawi e paar Brotkigili drunter gmischelt un e bissili Salz driwer gstreit. Schun sin diä Nußkiächli fertig gsin. 's Wichtigscht isch awer jetz erscht komme. Wiä friähjer in dr Schuel, hawi so-n-e Nußkiächli in e Babier ingwickelt un bin drno drufghuckt. Noch-eme Wiili isch des Kiächli »bache« gsin. I hab's hinte vorgholt, habs usgwickelt un hab des schön flachdätscht Kiächli uf dr Teller glegt. »So ebbis soll ich esse?«, het minni Frau gsait un het sich gschittelt. De bruchsch jo nit, hawi denkt un hab's selwer g'esse. 's het gschmeckt wiä friähjer in dr Schuel. Bim Esse simmer vieli schöni Erinnerunge komme. I hab au an dr Nußkueche vum Nochber denkt, seller wo domols nadierlig noch vil besser gschmeckt het. Seller Nochber het selli viele Nusse vun sinnem Baum uskernt un het si in d'Eelmihli brocht. Dr Miller het si mit dr große Press usdruckt, bis unte 's Nußeel nusgrennt isch. D'usdruckte Nusse sin wiä-n-e großer Kueche in dr Pressi bliewe un drno rusgholt wore. Dr Nußkueche isch erscht guet gsin! Un fettig drzue. Wenn dr Nochber e bissli prowiärt ghet het, het'r glich druf e Rossler dr Hals nabgschittet, daß-es im Buch wider gstimmt het, wiä-n'r als gsait het.

Awer i will jo vun dr Krabbe vrzehle. 's Nussejohr isch so guet gsin, daß dr Nochber gar nit alli Nusse vum Baum rabkriägt het. Do het alles bengle un schwengle nix gnutzt. Au dr Wind het noch so arg hiile un noddle könne. Ganz drowe-n-am Baum sin änneweg noch e Huffe Nusse ghänkt. D'Schale sin schun ufplatzt gsin, so daß mr d'bruune Nusse guet gsehn het. Numme rabkeit sin si nit. Do het am-e Nomiddag dr Nochber gmeint, 's dät e Gwitter ufziäge, so dunkel isch's uf eimol vor sinnem Fenschter wore. 's isch kei Gwitter gsin. Wo-n'r räscht gluegt het, het'r gsehn, daß e ganzer Schwarm vun selle schwarze Krabbe, selli wo driwe-n-uf dr Keschtebaim hucke, uf sinner Nußbaum gfloge sin. Zwanzig, drissig, fuffzig, was weiß ich wievil Krabbe, so het'r mir später vrzehlt, sin uf sinnem Nußbaum ghuckt un hänn mit dr Äscht guugt. Si hänn gflattert un sin ghopst, hänn gnoddelt un druckt. Bi dere Noddlerei sin immer meh Nusse nab ins Gras keit. Des het numme so grasselt. Jetz sin d'Krabbe nabgfloge ins Gras. Jeder Krabb het e Nuss in dr Schnawel gnumme un nix wiä furt, niwer uf d'Keschtebaim.

»Des isch guet«, het minner Nochber gsait un het sinnere Frau gruefe. »Heb du d'Nusse uf, drwielschd ich d'Krabbe beobachte due«, het'r zue-n-ere gsait. 's isch numme-n-e Wiili gange, do hänn d'Krabbe driwe schu wider »Krah-krah« briält un sin wiä-n-e schwarzi Wolk im Nußbaum entgegegschwärmt. Wider hänn si gnoddelt un gflattert. Wider sin d'Nusse ins Gras keit. Dismol isch awer dr Nochber schneller gsin. 'r het fescht in d'Händ bätscht, wo sich dr erscht Krabb uf d'Nusse het stirze welle.

»An unserem Baum hänkt kei Nuß meh«, het dr Nochber z'friede zu mir gsait, wo-n'r mir des Gschichtli vrzehlt ghet het. D'Krabbe hänn alli bengelt, un mir hänn si drunte ingsammelt. Mr hänn noch emol ebene drei Körbli voll bekomme. Jetz leije si drowe-n-uf dr Bihni zum trickle. Minni Frau wurd ball e Nussekueche mache.« Do hawi mr iwerlegt, ob i minnem Nochber min Rezept fir d'Nußkiächli us dr Kinderzitt vrzehle sott. I bin mr awer nit sicher gsin, ob'r diä Bacherei ganz vrsteht. Deswege hawi's bliiwe lehn.

E Rämbe Brot

Manchmol, wenn i naachts nit schlofe kann, steh i uf un schlich in d'Kuchi. Dert hol i dr Brotlaib us dr Brotlad un schniid mr e räschter Rämbe drvun ab. I huck an dr Kuchitisch un due e Moggel vun dem Rämbe abbreche. Eh i in des Brot ninbiss, due i e bissili sinniäre.

Weisch noch, sag i zue mir selwer, weisch noch selli liädrig Zitt in dr Gfangeschaft noch-em Kriäg, wo de so-n-e Hunger ghet hesch, daß-es dr schwarz vor dr Auge wore-n-isch. »Oh, was gebdi fir e Stickli Brot«, hesch domols gsait un hesch vun sellem Laib mit-em krachige Knissli traimt. Drno het dr Kamerad gsait, daß eimol guet lewe ewig denke dät, un schun hänner sell Stickli truckes Brot vrschlunge, sell wo fir dr ganz nägscht Dag hätt lange sotte.

Sell sin liädrige Däg gsin ohni Brot. E mancher isch schnell im-e Epfelbutze nochgrennt, selle wo-n-e Wachposchte uf dr Weg gschmisse het. E paar sonigi Epfelputze hänn iwer dr Dag niwergholfe. Owends hesch in dr Barack gli wider 's ganz Brot fir dr nägscht Dag vrputzt un hesch ghofft, daß dr Poschte morge wider Epfelbutze wegschmisst. Drno hesch di gschämmt, will de jetz dr Epfelbutze vun sellene nochgrennt bisch, selle wo de 's Johr drvor wahrschiints nit emol e Epfel gänn hättsch.

Drno isch's uf eimol besser wore. Du bisch uf e Kommando in dr Stadt komme in e großes Huus, us sellem wo si dr ditsch Bsitzer nusgschmisse ghet hänn. Jetz het e französischer Kommandant mit sinnere Familli drinne gwohnt. Dert bisch morgens vum Poschte hinbrocht un owends wider ins Lager abgholt wore. De hesch dr Parkettbode schmirgle derfe, hesch 's Gschirr gwäsche un manchmol het di d'Madam au g'holt, ge dr Salong ufzruhme, in sellem wo si am Owend vorher tanzt un gspektakelt hänn.

Selli Madamm vum Kommandant het noch e Schweschter bi sich ghet, selli wo ganz liislig durch's Huus gschliche isch. Si isch niä mit dr Madamm ins Städtli ge inkaufe un si het allewiil e Kopftuech ufghet. Selli Schweschter vun dr Madamm isch dr Gfangene bsunders gwoge gsin. Immer wenn d'Madamm in dr Stadt gsin isch, isch si in selli alt Remiis komme, in sellere wo d'Gfangene ihri Paus gmacht hänn. Si isch so still ningschliche, daß mr si kuhm ghört het. Si het e Laib Wissbrot uf dr Schaft glegt un manchmol e Stickli Wurst oder Käs drzue. »Merci Madamm!« hämmir Gfangini gsait und selli Madamm mit-em Kopftuech het e bissili glacht. Drno het si dr Kopf wider nabdruckt, wiä wenn si gar nix sehne wott, drwielschd mir Gfangini iwer's Wissbrot un iwer d'Wurscht her sin, wiä d'Katz iwer dr Schwartemage.

Vill später hawi durch e Zuefall d'Gschicht vun dere Madamm erfahre. Wo mir Ditschi noch Frankrich bsetzt ghet hänn, het si e ditscher Owerleitnant arg liäb ghet. So arg, daß-es alli Litt in sellem Städtli gmerkt hänn. Wo diä ditsche Soldate z'ruck hänn miän un d'Franzose mit dr Panzer ingruckt sin, do isch au seller Owerleitnant furt, d'Madamm isch zruckbliewe. Si het sich vrsteckelt, awer si hänn si ball gfunde ghet. Mr het si nab uf dr Märktplatz zoge, het-ere d'Hoor abgschnitte un drno het si durch d'Stroße renne miän, demit alli si hänn sehne un uslache un anspaue könne. Au selli, wo selwer e schlechts Gwisse ghet hänn.

Noch e paar Tag isch's dr Schweschter, selli wo d'Frau vum Kommandant gsin isch, glunge, des Maidli naachts us-em Huus z'hole. Später het si si mit-eme Militärauto zue sich nach Ditschland brocht. Do isch si in Sicherheit gsin. Jetz het si im große Huus bi dr Schweschter gwohnt un het sich immer noch vrsteckelt. Numme uns Gfangene het si hälinge Brot un Wurscht brocht un manchmol au e Schlickli Rotwiin drzue.

Iwer alles des mueß i sinniäre, wenn i nit schlofe kann un deswege am Kuchitisch huck. Drno rupf i wider e Moggel Brot ab, loß-en uf dr Hand leije un spiir des Brot wiä ebbis, was selli Madamm uns Gfangene manchmol wiä us-eme Traum in selli Remiis brocht het. Selli Frau, wo so het liide miän, will si einer gern ghet het, der wo uf dr falsche Sitt vum Rhin gwohnt het. Un jetz, denk i drno, un jetz? Simmer jetz alli uf dr räschte Sitt vum Rhin? Mir hiwe un ihr driwe?

Drno mach i 's Liächt in dr Kuchi us, nimm dr letscht Moggel Brot un schlich wider ins Bett. Dert lei i im Dunkle un spiirs Brot uf dr Läfze. Wenn's mi manchmol nit wurkse dät vor lutter Erinnerunge, dät i Dankschön sage. Dankschön, daß i soviel Brot in dr Händ kann han, wiä-n-i numme will.

Strauhleime

Jetz kriäge d'Litt wider meh Regard vor-em Alte. Iweral kannsch sehne, wiä si bi dr alte Hiisli dr Butz abschlage, bis 's Fachwerk zum Vorschiin kommt. Wenn si e bissli Vrstand hänn, duen si d'Wänd nimmi zueschmiäre. Mr loßt 's Fachwerk frei un präsentiart e schön gmuschterts Huus. Neilig bin i an so-n-eme alte Huus vorbigange, an sellem wo si grad dr Butz rabgschlage ghet hänn. Do het mr schön studiäre könne, wiä si friähjer so-n-e Huus baut hänn. Z'erscht hänn si dr Keller us Sandsteiner ufgmuurt un owedruf drno 's zweistöckig Huus im Fachwerk ufgschlage. Wenn des Fachwerk vrzapft un guet vrstrebt gsin isch, hänn si diä Fächer zwische dr Balke usgmuurt oder mit Strauhleime gfillt. Der Strauhleime isch e Bäbb gsin, denne wo mr ganz eifach het anrichte könne. Mr het Leime gnumme, selle wo mr in dr Leimegrueb gholt het, un het ne mit Wasser guet angriährt. Drno isch truckes Strauh in denne Teig ninkomme un alles isch nomol vrriährt wore. Denne Bäbb us Leime un Strauh, dr Strauhleime, het mr jetz zwische des Fachwerk gschmiärt, des wo mr mit Wiide usgspannt ghet het. Dr Strauhleime isch in dr Sunn schnell trickelt un isch bickelhärt wore. So het mr e gueti, warmi un härti Huuswand bekomme. Später het mr selli Dreieckli un Viereckli mit Butz zuedeckt, daß si wiss oder gähl zwische dr schwarze Balke gleichdet hänn.

Wo-n-i selli Riegelwand an sellem alte Fachwerkhuus mit dem ustrickelte Strauhleime angluegt hab, hawi uf eimol Hunger bekomme. Hunger noch-eme guete Strauhleime. Denke-n'r denn noch dran, wiä guet seller friähjer bi dr Mueder oder dr Großmueder gschmeckt het? Des isch nix zum Esse, Leime-n-un Strauh, meine-n-ihr? Hänn ihr villicht e Ahnung! Wämmir emol Grumbiirebrei oder Erdepfelstock, wiä si au sage, zum Middagesse ghet hänn, het minni Mueder soviel drvun gmacht, daß noch ebbis fir dr nägscht Tag iwrig bliewe isch. Vum Surrkrutt, sell wo's zum Schiifili oder zue dr Bluet- un Lewerwirscht gänn het, isch sowiso ebbis iwrig bliewe. Jetz het d'Mueder d'Kassroll guet mit Speck usgriiwe, het dodrinne dr Grumbiirebrei un 's Surrkrutt guet mitenander vrmischelt un het alles dussmah köchle lehn. Nochher isch-es guet heiß in d'Schissel komme un nix wiä uf dr Tisch. Wiä het seller Strauhleime uns Kinder als gschmeckt!

Manchmol het d'Mueder vorher noch e Riiwili-Supp kocht, demit's besser baddet het. Selli Riiwili het mr us Nudelteig gmacht. D'Mueder het vun dem feschte Nudelteig e Bolle in d'Hand gnumme un het-ne uf-ere Meerrettigriiwi griiwe, bis d'kleine Riiwili unte nuskeit sin. Anderi Wiiwer duen dr Teig mit dr Händ riiwe un losse d'Riiwili gli in dr Kochhafe mit dr Briäh keije, selli wo mr us-eme guete Stick Suppefleisch kocht het. In dere Briäh, in diä wo noch Schnittlig un e bissili Muskat ninkomme-n-isch, het mr diä Riiwili ebene fimf Minutte ufkoche lehn un fertig isch diä guet Supp gsin.

D'Großmueder het nit bloß Riiwili fir eini Supp gmacht. Selli het 's ganz Nudelbrett voll mit Riiwili ghet, wenn si schun emol dran gsin isch. Uf-em Brett het si diä Riiwili trickle lehn un het si drno in-eme große Glas, wo mr dr Deckel het zueschruwe könne, ufghebt. Jetz het si an manchem Samschdig e Riiwilisupp koche könne, ohni daß si noch lang het Riiwili riiwe miän.

Wo-n-i so vor dem Fachwerkhuus gstande bin un iwer dr Strauhleime nochdenkt hab, isch einer us-eme Nochberdörfli doherkomme un het e Wiili mit mir gschwätzt. Nai, het seller gmeint, bi inne drheim dät mr nit Strauhleime drzue sage. Bi inne heb des Knobris gheiße. Manchmol hänn si statt-em Surrkrutt au Gällruewe mitem Grumbiirebrei vrmengelt. Drno het mr dr Mann vrzehlt, wiä wittsichtig sinni Mueder gsin isch. Diä het immer sovil Surrkrutt kocht, daß-es fascht fir d'ganz Woch glangt het. Am erschte Tag het's Surrkrutt mit Speck un gschwellti Grummbiire gänn. Am zweite Tag Schupfnudle, am nägschte Tag Knöpfli mit Surrkrutt un zum Schluß drno dr Strauhleime oder Knobris. Selle het mr mit Zwiwle guet abgschmelzt. Dr Mann het glacht, wiä wenn's-em in dr Erinnerung noch guet schmecke dät un het gsait: »Wenn einer us dr Familli meh als alli andere g'esse het, drno het mr gsait, daß des e Ruugfräßiger sin dät!«

Später hawi wider emol d'Sproch uf dr Strauhleime oder Knobris brocht, will i gmerkt hab, daß des vieli alti Litt noch kenne. Hitzedags miän's jo Štiiks sin odr Pizza oder sunscht so-n-e Gfräß. »Mir hänn dr Knobris wider anderscht gmacht«, het e Frau gsait un het sich an ihri Kinderzitt erinnert. Wenn im Spotjohr dr Kruttschniider komme-n-isch un 's Krutt in d'Ständerli gschnitte het, demit mr später Surrkrutt ghet het, het's bim Howle am End vum Kruttskopf immer e paar Blattrestli gänn. Diä heb mr nit furtgschmisse, diä heb mr in-ere Schissel ufghebt. Später sin diä härte Kruttblätter so lang kocht wore, bis weichi Schlämpe drus wore sin. Us denne Kruttschlämpe un-em Grumbiirebrei het ihri Mueder drno dr Knobris gmacht, seller wo au noch guet abgschmelzt wore-n-isch. Hajo, het do uf eimol e anderi Frau gmeint, un het sich dran erinnert, daß ihri Mueder noch e Ring

Lewerwurscht un e Ring Bluetwurscht owe uf dr Knobris glegt het. Drno het mr au noch diä Wirscht mit dem Knobris vrmischelt un alli hänn sich uf des Esse gfreit. Wenn ihri Mueder d'Schissel uf dr Tisch gstellt het, heb si immer gsait: »'s isch numme fir selle, wo welle. Un selli kriäge nit immer!« Wenn emol einer am Tisch ghuckt isch, der wo 's Gsicht vrzoge het, drno het d'Mueder gsait, si dät-em gli d'Zung mit-em Stuehlbein schawe. Drno het'r g'esse.

Ebbis erlewe

Wämmer dr Vadder g'ärgert hänn oder mr hänn z'arg grawoost, drno het'r gsait! »Basse-n-uf! 'r könne glich ebbis erlewe!« Will mr des awer nit hänn erlewe welle, was dr Vadder demit gmeint het, simmer gli riäwig gsin oder sin uf d'Gaß vrschwunde. De kannsch gli ebbis erlewe! Des isch d'erscht Stuf vun-ere Warnung gsin oder 's Wetterleichde vor-em Gwitter. Mr het guet dran doon, des nit z'iwerhöre.

Wenn de älter wurrsch, kannsch manchmol ebbis erlewe, ohni daß-es dr ankindigt wurd oder ohni daß de's hesch erlewe welle. So isch's mr neilig in dr Stadt gange. I bin fröhlig minner Weg spaziärt un hab nit vill denkt, will i jo nix hab erlewe welle. Vor mir isch e Frau gloffe. Uf einmol isch diä stehn bliewe un het in ihrer Inkaufstasch kromt. Schun isch-ere e Päckli Kaffee, sell wo si wahrschiints grad inkauft ghet het, ufs Trottwar keit. I hab schnell e Schritt gmacht un hab mi buckt. Eh i des Päckli hab griffe könne, hets diä Frau schu selwer ufghowe ghet. I hab e bissli glacht. Do het mich diä Madamm awer angluegt. Genau so wiä friähjer dr Vadder, bevor 'r gsait het: »Bass uf! De kannsch gli ebbis erlewe!« Nadierlig het diä Madamm des nit gsait. Diä hätt des gar nit sage könne, will si nit Alemannisch könne het. I hab des gli gmerkt. »Das Lachen über das Mißgeschick eines Mitmenschen ist das billigste Lachen, das der Mensch sich gönnen kann«, het si zue mir gsait. Drno het si gli noch eins drufgsetzt. Im iwrige, so het si in ihrem gschniigelte Hochditsch gsait, dät's jo uf e ganz mickrigi Erziehung schließe losse, wämmer e unbekannter, hilfloser Mensch uslacht.

I bin stehn bliewe un hab mr jetz 's Lache vrbisse. »Nadierlig«, so hawi zue dere Madamm gsait un hab mr Miäh gänn, es bissili e guets Ditsch z'schwätze. »Nadierlig wäre ich selbstverständlig sofort und gli heimgerennt und hätte den Kehrbese geholt, wenn seller Kaffe auf die Stroß gekeit wäre!« Do het diä Madamm gmeint, daß des jetz e schöner Zug an mir sin dät un daß i villicht doch e gueti Kinderstubb ghet hätt. Schun hawi mi wider z'lache traut. Do het au diä Madamm glacht un het gsait: »Lachen Sie nur so weiter. Vielleicht hilft Ihnen das!«

Gueti Frau, hawi denkt, un bin widerscht, drwielschd i immer noch glacht hab. Un ob mir des hilft! Des het mr friähjer schun gholfe, wenn dr Vadder gsait het, daß'r mr gli helfe wott un daß i ebbis erlewe wurr. Do hawi mi schnell rumdrillt un hab hinter sinnem Rucke e bissili glacht. Ob selli jung Frau hinterum au glacht het, wo si bi dr Hochzittsreis ebbis het erlewe könne, sell weiß i nit. Des Pärli het im-e Dörfli im Ried ghiirote. Jetz hänn si d'Hochzittsreis uf Dierschburg gmacht. Nadierlig z'Fueß, was denke-n'r au. Fir so Litt hets domols noch keini Auto gänn, un e Rössli mit-eme Scheesli hänn diä au nit ghet.

Wo si z'Dierschburg ankomme sin, het dr Hochzitter e mords Hunger vrspiirt. 'r isch mit sinnere Brutt in 's nägscht bescht Wirtschäftli gange un het sich Bachsteinkäs, Brot un Bier bstellt. Kuhm isch des Veschper uf-em Tisch gstande, het'r au schun ninghaue wiä-n-e Schiiredrescher. Noch-eme Wiili het-ne sinni jung Frau am Ärmel zuppelt un het gsait, daß sie au e bissili dr Hunger vrspiire dät. Do het'r si ganz vrstuhnt angluegt un het gsait: »Ha! Bstell dr doch ebbis. Dinner Vadder wurd dr jo hoffentlig e bissli Geld mitgänn han!«

Do kannsch ebbis erlewe . . .

Iwerzwerch

Mir wo am Rhin wohne, mir wisse, wiä schwer's manchmol isch, riwer un niwer z'komme. Drbi bricht mr hiwe-n-un driwe numme Alemannisch babble. Schun dät's gehn. I hab do e schöns Exempel us-ere Zitt, diä wo gar nit so arg schön gsin isch. Noch-em Kriäg sin d'Franzose in unser Städtli komme un hänn alles requiriärt. Si hänn dr alt Flugplatz wider ganz gmacht, hänn ihri Soldate in d'Schuele glegt, will d'Kasern kaputt gsin isch, un hänn sich mit ihre Familljene in vieli ditschi Wohnunge ghuckt. In einere vun dr Schuele hänn si ditschi Kriägsgfangini ghet, selli wo in dr Kuchi, in dr Garage un au bi dr Fliäger uf em Flugplatz hänn schaffe miän. Manchi hänn au im Kommdant oder im Capitän sinni Wohnung butze derfe. Mit dr Zitt sin d'Offisier druf komme, daß einer vun dr Gfangene, seller wo drheim Schriiner gsin isch, schöni Sächili het bäschle könne. Also het seller Capitän Holz bsorgt un het sich e schöner Kaschte mache lehn. Denne Kaschte het'r drno nach Frankrich schaffe welle, au wenn des eigentlig vrbotte gsin isch. Er het e gueter Weg drfir gfunde. Dr Scherschantchef het denne Kaschte uf e Lastwage glade, het sich ans Steijer ghuckt un einer vun dr Gfangene drnewe. Seller Scherschantchef isch e Stroß-burger gsin. Deswege hetr sich mit dem ditsche Soldat, seller wo au us unsere Gegend gsin isch, guet im Dialekt unterhalte könne.

Si sin mit-em Laschtwage uf Kehl gfahre. Kehl isch domols vun dr Franzose ganz bsetzt gsin. Iweral hänn si Stacheldroht zoge ghet un nieneds het mr e ditscher Inwohner gsehn. Iweral numme Franzose, will si des Städtli jo fir Frankrich als Fuschtpfand hänn bhalte welle.

Hinter-em Bahnhof sin si an-e Gleis gfahre, uf sellem wo e Zug mit Giäterwäge gstande-n-isch. Der Zug het nach Stroßburg abdampfe sotte. Will's kei Kontroll meh gänn het, het dr Kaschte vum Capitän do in dr Waggong miän. E französscher Iisebähnler, e französscher Schandarm, e französscher Arbeiter, dr französch Scherschantchef un dr ditsch Soldat hänn dr Kaschte vum Wage glupft. Jetz in dr Waggong nin. Sellem sinni Tür isch awer nit ganz ufgange, will si vun dr Bombe noch e bissili schäpp in dr Angel ghänkt isch.

Diä fimf Männer hänn dr Kaschte noch emol ghebt un hänn gschowe. Nix do. Er isch nit ins Loch ningange. Do hänn si angfange z'spektakle.

»Il faut la prendre à l'envers!« het dr französch Iisebähnler briält. Nomol hänn si gruckt. Awer nix do.

»Nom de Dieu! Prenez la à l'envers, comme il a dit!« het dr französch Schandarm jetz briält.

»A l'envers, hop!« het jetz dr französch Arweiter gsait un het dr ditsch Soldat angluegt.

»Mais oui!« het dr französch Scherschantchef kummediärt. »Pas comme ça! A l'envers! A l'envers!«

So het jeder briält, het am Kaschte gnoddelt un het »à l'envers!« gsait.

Wo's gar nit gange-n-isch, het dr französch Schandarm e Kaiwewuet kriägt un het uf einmol briält: »Nämme-n-e iwerzwerch, gopferdammi!«

»Iwerzwerch!« het do dr französch Iisebähnler gsait un au dr französch Arweiter het gmeint, daß-es iwerzwerch gehn miäßt. »Worum hänn'r des nit glich gsait!« het dr Scherschantchef dunndert un dr ditsch Soldat het au gsait: »I mein, daß-es iwerzwerch gehn dät!«

Jetz hänn si alli lache miän, will si gmerkt hänn, daß si

alli fimfi Alemanne gsin sin. Daß si dr glichlig Dialekt schwätze un daß jo alles gar nimmi iwerzwerch isch, wämmer's numme räscht anpackt.

Dr Kaschte isch gli im Waggon drinne gsin un dr Zug het abdampfe könne iwer dr Rhin nach Stroßburg. Dr französch Schandarm het dr ditsch Soldat in sinnere schlottrige Uniform gfrogt, ob'r e Sigarettli schmauche wott, un seller het sich des Stengili glich ins Gsicht gsteckt. Jetz hänn si alli zamme Sigarettli dampft und hänn sich gfreit, daß si sogar mitenander hänn babble könne.

Wo dr gfange ditsch Soldat mit sinnem Scherschant-chef wider us Kehl nusgfahre-n-isch, hänn si wider durch dr Stacheldroht miän. Awer will si beidi mitenander Alemannisch babbelt hänn, hänn si denne Stacheldroht gar nit gspiirt.

Winter

Druss schneit's dr Schnee uf d'bludde Äscht.
Sei froh, daß drinne bisch.
Vrlosse hänkt dert 's Amselnescht,
Will's Liäd vrfrore-n-isch.

Uf-em Johrmärkt

Do kammer druf gehn. Wenn's regent, drno isch im Städtli wider emol Johrmärkt. Wenn de Glick hesch, hört's am zweite Tag uf, daß dr 's Regewasser nimmi vun dr Stänð rab in dr Krage tropft. Uf-em Johrmärkt kannsch au ebbis erlewe. Deswege hawi dismol minni Frau zue-eme Bsuech dert inglade. Mr sin durch diä Gasse zwische dr Stänð dappt, hänn do e bissili gschnaigt und dert so-n-eme Briäli zueghört.

»Etwas Elegantes für die Dame!«, het uns einer anbriält un isch mit so-n-ere wollige Bumbhos uf minni Frau los, daß i si z'erscht us dem Drumm wider hab uswickle miän. »Elegant?« hawi dänne Kerli angfaucht, »do drinne kammer jo vrsuffe!« I hab mi elegant rumdrillt un hab minni Frau widerscht gschowe. Bim nägschte Stand hesch derfe in dr Schirzli un dr Pullöverli rumniäle, daß de ball nimmi gwißt hesch, was hinte un was vorne isch. Kei Wunder, daß selli Madamm newe mir seller Pullover iwerzwerch anzoge un sich gfreit het, daß'r vornerum so schön spannt.

Diä het sich gfiehlt wiä selli, wo im Kino als sonigi Pullover anhänn, daß de meinsch, 's dät alles iwer d'Liinwand nabhänke. Drbi het diä alt Schattek newe mir nit gmerkt, wiä si hinterum Falte gworfe het.

Gli druf het mi einer am-e Stand am Krage packt. Schun het'r mir e Krawättli unter dr Hämmkrage gsteckt ghet un het mi in-e Spiegili luege lehn. »Fühlen Sie sich nicht wie neugeboren? Wie ein Phönix aus der Asche?« het'r mi gfrogt. Blibsch in dere Äsch drinne, hawi denkt un hab d'Krawatt anb'halte. Minni Frau het si zahle sotte. »Nix do«, het si awer bruddelt. »Wenn du neigebore bisch, drno wurrsch au neis Geld mit uf d'Welt brocht han, daß de zahle kannsch!« No hawi halt zahlt.

Wenn i dr Gällbittel schun drusse hab, hawi denkt, drno kann i dr Frau au e Giggli Magebrot kaufe. Wo-n-i-re e Magebrötli ins Muhl gsteckt hab, sell wo friähjer fir mich jo emol e siäßes Göschli gsin isch, do het si mi knubbt un het mi gfrogt, ob i au dran denke dät, daß i-re domols uf-em Johrmärkt e Magebrötli ins Göschli gsteckt hab un daß mir domols ganz zittert hänn, will des jo vrbotte gsin isch.

Jetz simmer zue sellem Kaib mit der Feuerwurzle grote. Seller het so alti, dreckigi Wurzle uf-em Tisch leije ghet. Villicht sin's Ruewe gsin oder Schwarzwurzle oder Selleri. Ehnder noch Meerrettig. Uf alli Fäll isch des e fiirigi Wurzel gsin, vun dere wo-n'r jetz mit-eme Kuchimesserli e bissli Fleisch abgschabt het. Im nächstbeschte Zueschauer dr Ärmel nufdrille un des Ziigs vun dere Wurzel uf dr bludd Arm schmiäre, des isch eins gsin. 'r het des Ziigs vrriewe, bis dr Arm immer dreckiger wore isch. »Spüren Sie, wie es brennt?«, het'r denne Mann mit dem Arm gfrogt un het vrzehlt, was dr Mensch vum große Zeh bis nuf in dr Schädel alles fir Krankete kriäge kann un wiä wunderbar diä Feuerwurzel drgege helfe dät.

Kuhm usdenkt, het dr Kaib au minni Hand packt, het mich ganz fiirig zue sich zoge, het mr dr Ärmel nufdrillt un het mr e bissli vun dem Wurzelziigs uf d'Hutt bäbbt. »Sie werden gleich spüren, wie es brennt und zieht. Das ist das Zeichen, daß die Wurzel arbeitet und ihre Krankheit freilegt!«, het'r gmeint.

I hab gar nix gspiirt. Des Ziigs het mr uf dr Hutt numme kalt gmacht. »Spüren Sie, wie es brennt und zieht?« het'r nomol gfrogt.

»I spiir gar nix«, hawi gsait.

»Aha! Oho! Ahaaaa!« het dr Kaib jetz briält, daß nomeh Litt zammegloffe sin. »Mein Herr, Sie spüren gar nicht, wie es brennt?« het'r mich fixiärt. »Sind Sie in den Nerven krank?« het'r gfrogt. Ums Gottswille, hawi denkt un bin froh gsin, daß minni Frau schun widerscht gange gsin isch. »Wenn Sie das Brennen nicht spüren, dann zeigt sich die Krankheit schon an«, het'r gsait. Alli Litt um mich rum hänn Beduuris mit mir ghet. Der het villicht Nerve, hawi denkt, wo-n'r wider mit minne Nerve angfange het. Z'erscht het'r briält, daß des Brenne vun dr Wurzel e Kranket anzeige dät. Jetz, wo si bi mir nit brennt, sait'r, daß des Nitbrenne 's Zeiche vun dr Kranket sin dät.

Uf-em Johrmärkt kannsch ebbis erlewe. Manchmol wurrsch sogar kuriärt, au wenn de gar nit krank bisch.

Murre

Was hämmir Kinder uns als gfreit, wämmer emol so e bissli krank wore sin. Nit arg. Numme so, daß mr nit in d'Schuel het derfe. E bissli 's Kratze im Hals, e wengili gschwollini Mandle, dr Pfipfis odr e kleins Grimme im Buch. 's Grimme isch 's Bescht gsin. Wenn de do e Wiili d'Auge vrdrillt hesch, het d'Großmueder zur Mueder gsait: »Des Kind kann nit in d'Schuel. Steck's fir e Tag ins Bett!« Also het eim d'Mueder ins Bett gsteckt, will si als Dochter jo ihrer Mueder het bariäre miän.

Jetz bisch im Bett glege un hesch gwartet, ob de nit noch e bissli Fiäwer drzue kriägsch. 's isch bim Grimme bliewe. Do hesch gwißt, daß de ohni Gischterli zue nix kommsch. Also hesch Gischterli praktiziärt un hesch 's Gsicht so vrzoge, daß d'Großmueder Angscht kriägt het, wo si in d'Schlofstub komme-n-isch. »Des Kind het Gischtrli«, het si zur Mueder gsait un het kummediärt, daß des arm Kind ebbis z'esse kriäge miäßt. »Geh zum Schlenke-Beck un hol Zwiebäckli«, het si gsait un d'Mueder isch furtgrennt. Wämmer seller Zwieback vum Schlenke-Beck in dr Pfifferminztee nindunkt het, isch'r eim grad uf dr Zung vrloffe. Des isch villicht ebbis Guets gsin!

Nadierlig isch eim seller Zwieback mit dr Zitt langwiilig wore. Jetz het mr mit Wurkse anfange miän. »Des arm Kind mueß jo wurkse«, het d'Großmueder konstatiärt. »Dem kratzt dr Zweiback im Hals. Bring liäwer e bissli Einback mit!« So bisch au noch zue sellem schöne, wisse un weiche Einback komme. Jetz hesch mampfe könne un bisch schu wider halwer gsund gsin. Wenn numme d'Schuel nit gsin wär.

Manchmol het d'Großmueder e paar anderi Großmiädere inglade. Do hänn si drno Murre, mürbi Bretschili un Hörnli vum Meister-Beck in dr Kaffee dunkt oder ninbrockelt, wiä's halt mit dr Zähn noch gange-n-isch. Wenn dr Kaffeeklatsch im Gang gsin isch, hesch im räschte Moment in d'Stub ninwitsche miän, demit d'Großmueder ihr Witzli het anbringe könne. Dodrvun hawi immer wider profitiärt. I bin newe dr Kaffeetisch gstande un hab uf d'Bretschili un uf d'Murre gluegt, selli wo wiä-n-e Muhl ussehn, des wo grad e Lätsch macht. Jetz het mr d'Großmueder e Murr hinghebt un het gsait: »Do hesch e Murr – jetz halt d'Schnurr!« Alli Wiiwer hänn kiddert, un ich hab minni Murr ghet.

Im Großvadder hawi morgens bim Stroßburger-Beck e Sousbrötli oder au e Bariserli hole miän, daß'r ebbis fir sinni brenndi Mehlsupp ghet het, selli wo-n-r fir's Niini g'esse het. Iwerhaupt het seller Großvadder d'Supp niä ohni Brot g'esse. Des het'r bi dr Franzose glehrt, het d'Großmueder gsait un het sich e bissli g'ärgert, wenn dr Großvadder 's Wissbrot in d'Supp brockelt het.

Wämmer bi dr Vetter-Becki 's Brot gholt hänn, hämmer uf-em Heimweg immer selli Kohlestickli us-em Laib bibbelt. Dr Vetter-Becki ihr Beck het 's Brot noch im Holzkohlefiir bache. Manchmol het d'Mueder vun dr Vetter-Becki au Brot brocht, sell wo dr Beck so lang iwerem Fiir glehn het, bis-es vrsengelt gsin isch. Mir Kinder hänn e Lätsch gmacht un hänn an dem schwarzverbrennte Brot rumgnäxt. »Numme g'esse!«, het d'Mueder gsait. »Vrbrennts Brot git e guedi Stimm!« I weiß hit nonit, wägeworum ich numme-n-e Stimm zum Rindfleischesse un gar keini zum schöne Singe hab, wo-n-i doch als Kind so oft 's vrsengelt Brot vun dr Vetter-Becki hab esse miän.

Bim Kniepe-Beck hämmer vor dr Schuel Wundergiggli kauft. Mr hänn drno unter dr Bänk mit-em Babier graschelt, bis d'Lehreri mit-em Meerröhrli durch d'Luft gfitzt het. Manchmol isch selli awer selwer wunderfitzig wore. Wo dr Karili wider emol mit-em Wundergiggli graschelt het, het si sehne welle, was do drinne isch. Dr Karili het's awer schnell hinterem Buckel vrsteckelt un het gsait: »Kauf dr doch selwer eins, wenn de kannsch. Drno wurrsch di schu wundere!«

Un erscht dr Wickert-Beck hinterem Alte Rothuus! E paarmol im Johr het seller bim Teigmache vrgesse, in's Salzfäßli ninz'lange. Jetz isch des Brot so räscht schlei wore. D'Wickert-Becki het des gwißt. Wenn unseri Mueder in dr Lade komme-n-isch, het si schnell e paar Tränli us dr Auge druckt un het des Malhör mit-em Salz vrzehlt. D'Mueder het Erbarmis ghet un het e Laib kauft. Nadierlig het si uns drheim nix gsait. Mir Kinder hänn kaut un gmuehmt un gmuehmt un hänn des schlei Ziigs kuhm nabbrocht. Dr Vadder het jo keins vun dem schleije Brot bekomme, will'r sunscht iwer d'Wickert-Becki gschumpfe hätt. Numme mir Kinder hänn's mit dr Mueder esse miän. Eines Tages hets wider so schleis Brot gänn. Mir Kinder sin am Tisch ghuckt un hänn gwurkst un gwurkst. Bloß minner Brueder het uf eimol des Brot vrdruckt ghet. D'Mueder het gstuhnt un mir anderi hänn uns iwer dem sinner Hokuspokus gwundert. Fascht isch der fir uns e Held gsin. Ball druf awer hawi des Heldetum ruskriägt. Hinterem Brueder isch e großi Bluemevas gstande. In selli het'r d'Bisse, diä wo-n-r schnell us-em Muhl in d'hohl Hand gspeit het, vrschwinde lehn. Vun dert ab hawi au schleis Brot esse könne. 's het numme e Bluemevas in dr Nähdi sin miän.

Dr Lauer-Beck het sinner Lade tirekt newe dr Schuel ghet. Was het der fir gueti Schneckenudle gmacht! Mir Schuelkinder hänn awer unseri Veschperbröter esse miän, selli wo mr vun drheim mitbekomme hänn. Numme unser Lehrer het sich während dr Stund vum Hämme zwei Schneckenudle bim Lauer-Beck hole lehn. Drno isch'r vorne an dr Tafel gstande un het mit sinne blitzige Zähn in diä siäße Schneckenudle ninbisse. Do hesch bim Zueluege dr Zucker un d'Zibebe uf dr Zung gspiirt. Drwielschd dr Lehrer mit volle Backe kaut het, hesch drvun traimt, wiä de au emol in so-n-e Schneckenudel ninbisse dätsch. Un was hesch gmacht? Bim nägschte Kommissionemache bim Ohnmacht-Beck hesch vum Rusgeld 20 Pfennigli fir dich b'halte. Jetz hesch am nägschde Morge in dr Paus au zwei Schneckenudle kaufe könne. »Äksgäwili«, hesch gsait, »i hab au Schneckenudle.« D'andere sin ganz glischtig wore. Nadierlig het d'Mueder schun am Nomiddag gmerkt ghet, daß-es mit-em Rusgeld nit stimmt. Drno hesch z'erscht e Schneckenudel un ball druf dr Ranze voll ghet.

Dr Dorner-Beck het dr bescht Bäredreck ghet. Eines Tags, wo si grad vil z'schaffe ghet het un mir Kinder mit unserem Bäredreck nit grad glege komme sin, het d'Dorner-Becki gsait, mr sotte wider heimgehn. »Dismol het dr Bär nix gmacht!«, het si gsait un het uns zum Lade nusgschowe. Do hämmer's bim Bolanz prowiärt. Awer seller isch schun uf-em Weg vum Beck zum Konditer gsin. Deswege het'r sich nimmi mit Bäredreck abgänn.

D'schönscht Zit isch an dr Fasent gsin. Dert simmer alli in d'Krizgaß, will dr Leppert-Beck au dr Zumpftmeischter vun dr Fasentszumpft gsin isch. Do het'r sich jo nit könne lumpe lehn. »Gizig, gizig, gizig isch dr Beck!« hämmer briält, un einer vun uns het d'Ladetür ufgmacht. »Un wenn'r nit so gizig wär, no gäbt'r au e Weckli her!« Schun isch dr Leppert-Beck ruskomme, het sich dr Bart gstriche un het Weckli un Gutsili unter uns Kinder gschmisse. Noch-eme Wiili het'r sich uf d'Stapfel gstellt un het sell gmacht, was d'Becke immer mache, wenn si sich us dr Affäri ziäge welle. 'r het mit-em Arm gfuchtelt, bis mir miislig still gsin sin. Drno het'r als Zumpftmeischter e kleini Ansproch ghalte. »Kinder«, het'r gsait un mir hänn nimmi ufgmuckt. »Kinder, i hab mi arg gfreit, daß'r zue mir komme sin. Deswege hänner au alli e Weckli kriägt. Jetz gehn'r zwei Hiiser widerscht zum Schwane-Wirt. Seller het au noch e Metzig. Wenn'r lutt gnue briäle, wurd'r ruskomme un eich au noch d'Wurscht drzue gännn!«

Dr Schwane-Wirt isch ruskomme un het sich au uf sinni Stapfel gstellt. Mir Kinder sin miislig still wore. »Kinder«, het dr Schwane-Wirt briält, »könne-n'r Wurscht esse?« Un mir Kinder hänn-em d'Antwort gänn: »Ja, ja, ja!« Do het dr Schwane-Wirt glacht un het gsait: »Drno esse doch!« Mir Kinder sin ganz perplex gsin un hänn durchenanderbriält: »Mr hänn doch keini, mr hänn doch keini!« Do het dr Schwane-Wirt in d'Rundi gluegt un het gsait: »Jo, wenn des so isch, drno will i eich schnell Wurscht hole!«

Jetz hämmer au noch d'Wurscht zue selle Weckli vum Leppert-Beck kriägt, selli wo mr schun längst vrdruckt ghet hänn.

Dr Tritt

Manchmol kann's arg iwerzwerch wäre, wämmer unsere Dialekt nit vrsteht. Do het doch e hergloffener Lehrer sinni Schüeler im Ufsatz vrzehle lehn, was si so fir lustigi Gschichtli drheim erlewe. Dr eind het gschriiwe, daß sinner Vadder »eine List ersante, weil der Sohn immer briehlte.« Do isch dr Lehrer ganz ufgregt ins Lehrerzimmer komme un het gfrogt, was des isch, wenn einer »briehlte«. E Lehrer us unserer Gegend het-em gholfe un het-em expliziärt, daß mr entweder hiilt oder briält. »Danke schön, Herr Kollege«, het dr Lehrer gsait un isch so schlau gsin wiä vorher. E anderer Bue het gschriiwe, daß seller Schneemann »sich damit rechte, indem er dem Fremden, der wo ihn heben wollte, einen Tritt gab, daß er in den Schnee gekeit ist.«

Jetz het dr Lehrer sich wider am Hals kratzt. 'r het sich awer nimmi traut, dr Kolleg z-froge. Sunscht hätt seller im villicht selli Gschicht vrzehlt, selli wo in unserem Krankehuus bassiärt isch. E Owerarzt vun sellene, wo dr Litt d'Bich ufschnide, het wider emol operiärt. Wo's e bissli schwierig wore-n-isch, will'r z'tiäf gstande isch, het'r zur Operationsschweschter gsait, si soll-em emol e Tritt gänn. Nadierlig het selli Schweschter, selli wo us unserer Gegend isch, nit reagiärt. Dodruf het dr Doktor noch e bissli lutter gsait: »Jetzt geben Sie mir doch einen Tritt, Schwester!« Nix isch gschehne. Do het'r fascht schu-n-e Wuet kriägt un het briält: »Los, geben Sie mir endlich einen Tritt!« D'Schweschter, selli wo schu ganz vrzwiifelt gsin isch, het sich nimmi z'helfe gwißt. Guet, het si jetz uf Alemannisch denkt, wenn du Hergloffener unbedingt e Tritt witt, drno sollsch au einer kriäge. Schun het si mit-em räschte Fueß usgholt un het im Doktor e Tritt gänn. Seller het fascht 's Messer keije lehn, will'r nadierlig e »Schemel« gmeint het. So kannsch bi uns e Tritt kriäge, wenn de e Schemel witt.

Seller Lohrer Blechner hets au mit dr Angscht z'duen kriägt. Im-e Huus vun Hergloffene het'r im Badzimmer ebbis hoch drowe repariäre sotte. Do het'r e Leiter vrlangt. D'Huusfrau het gsait: »Eine Leiter habe ich nicht. Aber einen Tritt kann ich ihnen geben!« Wo si des e zweits Mol gsait het, het dr guet Blechner gmeint, daß'r jetz erscht emol im Keller noch dr Wasseruhr luege dät. Meine-n'r, der het e Tritt bekomme welle?

Bi uns mueß mr sich halt usdrucke könne. Sunscht isch-es lätz. Do het selli Frau im Lädili zwei Buewe troffe. Dr eind het pechschwarzi Hoor ghet, dr ander isch ganz blond gsin. Diä beide Buewe hänn bim Inkaufe in dem Lädili rumkäsperlt un hänn bi jedere Frog vun dr Vrkaiferi kiddert un sich knubbt. Do het diä Frau, dere wo diä zwei Biewli gfalle hänn, seller mit dr blonde Hoor gfrogt: »Sin ihr Gschwischter?« Do het sich seller mit dr pechschwarze Hoor rumdrillt un het gsait: »Nai! Mir sin Briäder!«

Ich bin dehinter gstande, hab auch kiddert un hab fir mich denkt: Briäder? Un was fiirigi!

Lumpe

Im hinterste Winkel vun selle alte Hiisli het dr Lumpesammler, dr Mathis, mit sinnere große Familli gwohnt. In sellem Gäßli het's immer so e bissili gmuchelt, will d'Sunn dert kuhm hingschiine het. Un z'Lache hänn si dert hinte au nit sovil ghet wiä mir vorne am große Platz, wo d'Sunn gschiine un in dr Kasse vun dr Nochbere 's Geld klimpert het.

Bim Mathis hänn bloß d'alte Kochhäfe kleppert, het's roschtig Blech gscheppert un hänn d'usrangschiärte Badwanne 's Regewasser schwabble lehn. Großi Hiffe vun Lumpe sin dert im Höfli un im Schöpfli glege, un Babier un Kessel un alti Fahrrädli un Kinderscheese drzue. Des isch fir uns Kinder e intressanti Welt gsin. Immer wenn dr Mathis mit sinnem Rössli un sinnem Wägili furtgfahre-n-isch, simmir hinteri geschlitzt. Im Mathis sinni Frau isch e haagers, kleins Wiiwli gsin, will si doch sovil Kinder kriägt het un sovil het schaffe miän. Wenn sie uns gsehne het, isch si us dr Kuchi ruskomme un het mit uns e Späßli gmacht. Diä isch so-n-e gueti Frau gsin, daß mir Kinder si alli gern ghet hänn. Manchmol het si eim e Flade mit Sirup druf gschenkt, uf denne wo mir gspanieft hänn. Bi uns drheim het's nämlig kei Sirup gänn, numme Schleckli un am Sunntig manchmol Hunig.

Seller Sirup us dr Ruewe isch ebbis bsunders fir uns gsin. Diä dert hinte hänn jo nit vil z'nage un z'bisse ghet, awer diä guet Frau vum Mathis het au fir uns ebbis iwrig ghet. Drno het si wider in dr Kuchi gwäsche oder si het d'Lumpe sortiärt, un mir sin vor uf dr groß Platz, uf sellem wo d'Sunn gschiine het. Manchmol hänn d'Kinder vum Mathis mit uns gehn derfe, ge Schnellerlispiele oder

Danzknöpfli. Wenn dr Mathis do gsin isch, drno hänn si alli schaffe miän.

Dr Mathis isch mit-em Rössli un-em Wage durch d'Stadt zoge. 's Rössli het dr Kopf e bissili nabhänke lehn, un am Ranze hesch-em alli Rippe zehle könne. Dr Mathis het halt au mit-em Fueder spare miän. Mit eim Bein het dr Mathis e bissili ghunke un isch newe-n-em Rössli herdappt. Mir Kinder hänn immer gwartet, bis dr Mathis in unserer Nähdi uf-em Plätzli oder in sellem Eckli zwische dr Hüser sin Wägili anhebt un dert Station macht. Jetz sin alli Kinder z'renne komme. Dr Mathis het e großi Decki uf's Pflaschter glegt un het drno sinni Sächili usglegt. Lutter kleiner Firlefanz fir d'Kinderherze isch des gsin. E Kettli, e Fingerringli, e Pfiffli, e Balle, e Danzknöpfli oder e Pääperli. Wenn alles aufbaut gsin isch, het'r dr Wage e bissli uf d'Sitt gfahre un het's Rössli am-e Kähner anbunde. Jetzt het'r sinni groß Schell gnumme un isch d'Stroß nuf un d'Stroß nab ghunke. Dodrbi het'r mit sinnere Schell gschellt un het allewiil briält: »Luuumpe! Luumpe! Alt-Iise! Babier!« Mir Kinder sin e Wiili hinter-em hergrennt, bis'r wiätig wore-n-isch un mit dr Schell gwunke het. Schnell simmer heim un hänn bi dr Mueder e paar Lumpe us-em Lumpesack gholt, e Schachtel voll mit altem Babier, e paar usrangschiärti Kochhäfe, e roschtigs Kuecheblech oder us-em Höfli sogar dr Rescht vum Fahrrad, sellem wo längst d'Räder gfehlt hänn.

Dr Mathis isch wider bim Wägili gstande un het schun uf uns Kinder gwartet. 'r het d'Lumpe un 's Babier abgwoge, het d'Häfe un 's Blech visitiärt un drno het'r eim e Pfiffli gschenkt oder e Kettli oder e paar Schnellerli. Glicklig simmer vun dem Lumpeparadies heimzue.

Eimol isch dr Mathis iwer sich selwer nusgwachse. Do

hänn si-em im ganze Städtli Beifall klatscht, un e mancher het-em e Viertili zahlt. Des isch an sellem Mäntig gsin, wo d'Sunn so gschiine het. Dr Mathis isch wider durch d'Stroße zoge un het sin Rössli uf eimol derthin bugsiärt, wo's Finanzamt gstande-n-isch. Des isch e großes, neis Finanzamt gsin, will si im alte kei Platz meh ghet hänn. Minner Vadder het immer vrzehlt, daß in sellere Zit, wo er Muurer glehrt het, meh als drissig Mann im Steinbruch gschafft hänn un im Finanzamt numme zwei Beamti ghuckt sin. Hitzedags däte awer drissig im Finanzamt hucke un numme noch zwei im Steinbruch schaffe. Deswege hänn si e neis Finanzamt brucht.

Dr Mathis het sinni Tour am Anfang vun dr Stroß, grad bim Finanzamt, angfange. 'r het sin Rössli ganz langsam 's Wägili ziäge lehn un isch bidächtig neweher gloffe. Jetz het'r d'Schell gschwunge un het fescht gschellt. Im Finanzamt hänn si alli Fenschter ufgrisse, um ze luege, was-es do git. Dr Mathis het mit-em Schelle ufghört un het jetzt briält: »Luuumpe! Luuumpe! Luuumpe!« Drno het'r wider gschellt, het mit dr Zung gschnalzt un het drno noch drufgsetzt: »Alt-Iiise! Babier!« Schnell isch'r mit-em Wägili widerscht zoge.

Wo-ni au emol us-em Winkel vum Lumpesämmler komme bin, hawi minner Großvadder gfrogt, wägeworum dr Mathis, seller wo mit sinnere Frau un dr Kinder so flissig schafft, änneweg arm isch. »Flissig un arm«, hawi gsait, will mr ebbis dämmert het. »Un drsell dert«, hawi gsait, un dr Großvadder het gli gwißt, wenne i mein, »drsell isch fuul un schafft nix un isch änneweg so rich!«

Dr Großvadder het iwerlegt, wiä mr in-eme Kind d'Filosofie vum ganze Lewe expliziäre könnt. Do het'r mr eifach e Sprichli gsait, sell wo-n-i mr guet gmerkt hab. In dem Sprichli steckt alles drin, was dr Großvadder sunscht noch hätt sage könne:

Wenn g'esse wurd, mitesse.
's wurd änneweg g'esse.
Wenn trunke wurd, mittrinke.
's wurd änneweg trunke.
Wenn gschafft wurd, schaffe lehn.
's wurd änneweg gschafft!

D'Generali

Wiä e Frau vun-eme General gänshänkerig were kann? Sell will i gli vrzehle. 's isch mr nämlig wider ingfalle, wo unser Enkili vor e paar Tag bi-n-ich gsin isch. 's isch e Tag im Spotjohr gsin. Dr Newel het sich dr ganz Morge mit dr Sunn gstritte, un durch d'Gaß het e Wind bloose, daß-es di ganz gschuggert het. Do isch unser Enkili in d'Stubb komme un het mr's Schuggere bibrocht. Des Maidli het e Röckli anghet, sell wo meh noch wiä d'bludde Knie het rusluege losse. I hab gli gmerkt, daß es minnere Frau nit basst. Villicht het si dran denkt, daß unseri Dochter si gli holt, wenn d'Kinder mit-em Pfipfis im Bett leije. Minni Frau het des Maidli e bissli schäpp angluegt un het drno streng gsait: »Was rennsch wider so gänshänkerig rum, hä?« Do isch des Wörtli wider gsin. I hab z'ruckdenke miän an selli Zitte, wo minni Großmueder des als gsait het. In manche Dörfli sage si zue eim, seller wo nit ordentlig anzoge-n-isch, er dät gänshänkerig sin. Mir sage des meischtens, wenn's eim schuggert. Friähjer, wo mr noch keini Iisschränk in dr Hiiser ghet het, het mr noch gwißt, was des Wörtli bedittet. Wenn si dert vor Wihnachte d'Gäns gschlachtet hänn, hänn si d'grupfte un usgnummene Gäns an dr Schiir in d'Kälti ghänkt, bis mr si brucht het. Wenn de diä bludde Gäns angluegt hesch, drno het's di e bissli gschuggert. Genau so, wiä wenn de 's Enkili anluegsch, sell wo so gänshänkerig rumrennt.

In sellere Zit vor-em erschte große Kriäg, hämmer im Städtli e Garnison ghet. Infantrischte un Artillerischte un nadierlig au e General. Seller General het in-ere schöne Villa gwohnt. Am Gardetörli isch e Soldat mit-em Gwehr vor-em Schilderhiisli gstande. Sellem General sinni Frau isch d'Generali gsin. Si isch oft uf dr Märkt gange, will si dert bi dr Buursfraue gern inkauft het. Mit dr Zit het si glehrt, was Gällruewe, Grumbiire, Schnittlig un Peterlig sin un was mir mit Zwiwle, Krutt un rote Rahne meine. Au dr Butter het si gern uf-em Märkt kauft, will dr Butter vum Land dr bescht gsin isch. D'Frau General het e kleins Messerli im Sack ghet. Si isch vor-eme Brett stehn bliewe, uf sellem wo e Buursfrau dr Butter anbotte het. Jetz het si 's Messerli ruszoge, het mit dr Spitz e kleins Stickli vun dem Butter gholt, het's uf d'Zung glegt, selli wo si e bissli rusgstreckt het, un het dr Butter prowiärt. Erscht wennere basst het, het si e Pfindli kauft.

»Gell, awer bi eich het si d'Zung nit nusgstreckt«, het selli Bursfrau am End vum Märkt zur andere gsait. »Nai«, het selli zur Antwort gänn. »I hab nämlig hälinge minni Zung selwer nusgstreckt, un des het si gsehn!«

Am End vum Märktplatz het d'Frau Hempel ihr Lädili ghet. Diä het kei Stand brucht. Diä het ihri Sächili vorusse ans Schaufenster glegt, demit's d'Litt gsehn hänn. Dismol het si vor Wihnachte e paar grupfti Gäns drusse-n-in dr Kälti leije ghet. Do isch d'Generali doherkomme. Si isch vor-em Lädili stehnbliewe. D'Frau Hempel isch schnell nus uf-d'Stroß un het sich newe ihri Gäns gstellt. D'Generali het diä bludde Gäns e Wiili angluegt un het drno zur Frau Hempel gsait! »Aber hören Sie mal, meine Gute! Die sehen ja ganz blau aus!« Do het d'Frau Hempel d'Generali e bissli angluegt un het drno gsait: »Frau General! Wenn Sie dr liäb lang Tag mit-em Bludde do drusse liege däte, däte sie au blau ussehn!«

I hab niä erfahre, was d'Generali gsait het. Villicht het si domols gwißt, was Gällruewe sin un Grumbiire, awer nonit, was e Bludder isch.

D'Vrwechslung

So isch's im Lewe: de sottsch nix vrwechsle un de muesch alles immer guet ins Glichgwicht bringe. Wenn de innerlig un isserlig im Glichgwicht bisch, drno könne andri bruddle un pfuuse un dir e Lätsch hindrucke. Du wurrsch schmunzle un dich freije.

An diä Filosofie hawi denke miän, wo-n-i dr Chrischbaum gschmickt hab, seller wo in unserer Stub dismol vum Bode bis an d'Decki nuf gange-n-isch. »Mir komme mit dr Kinder, stelle jo e großer Chrischbaum uf«, het minni Dochter gsait un het gmeint, so einer wiä friähjer. Do hawi mi gfreit, daß diä noch an dr Chrischbaum vun dozemols denkt. I hab-ne ufgstellt un hab-ne so wiä dozemols gschmickt. Do e Zuckerbrötli, dert e Glaskugel, Schoklädli un Ringli, Engili un Pilzli un Tannezapfe un Stern. Änneweg het mr dr Baum nit ganz gfalle, wo-n-i gmeint hab, i dät fertig sin. D'Äscht sin so stockstiff in d'Höchi gstande, daß i Angscht ghet hab, d'Kerze däte mr si vun unte her vrsengle. »Du muesch alles ins Glichgwicht bringe«, het minni Frau gsait. »Du hesch guet schwätze«, hawi bruddelt, »bring-ne doch emol mit denne stiffe Äscht ins Glichgwicht!«

Minni Frau het sich z'helfe gwißt. Si isch in dr Keller gange un het e Körbli voll vun selle schöne Chrischkindlis-Epfel brocht, selli wo mr vun-eme Buur kriägt hänn. An jeder Stiel vun so-n-eme Epfili het si e Fädili bunde. Dert wo dr Stiel gfehlt het, het si e Zindhölzli in dr Epfel gsteckt un het 's Fädili dodran bunde. Jetz het si eins vun denne Epfili an e Äschtli ghänkt. Schun isch's so fescht nach unte zoge wore, daß-es keini Gfahr mit dr Kerze meh gänn het.

Rundrum hämmer dr Chrischbaum mit denne Chrischkindler ins Glichgwicht brocht un hänn uns gfreit, daß'r so schön dogstande isch. I hab mr denne Baum lang angluegt. Dodrbi isch mr seller Buur ingfälle, sellem wo uf sinnem Acker mit sonige Epfili emol ebbis bassiärt isch. Uf sellem Acker sin e paar Baim mit sonige Chrischkindler-Epfel gstande. Des sin gueti Moschter gsin, will si e bsunders gueter Moscht gänn hänn. Nadierlig het mr e paar drvun au könne an dr Chrischbaum hänke.

Sellem Buur sinni Frau het am Morges, wo si sich d'Ärwet inteilt hänn, bstimmt, daß er uf dr Acker fahre un d'Epfili rabmache sott. »Nimmsch dr e paar Säck uf dr Wage, sell wurd lange«, het d'Frau noch gsait un het gmeint, daß sie gege dr Middag nuskomme wurd.

Am Middag het'r d'gfillte Säck uf dr Wage glade, will'r langsam dr Hunger gspiiert het. Do isch sinni Frau vum Dorf herkomme. Si het an dr Säck rumdruckt, um ze priäfe, ob si au alli voll sin. Drno het si an dr leere Baim entlangguckt un isch dodruf d'Furch an dr Sitt vum Acker vorgloffe bis zum Loche, seller wo so halbschäp im Bode gsteckt isch. Noch emol het si gluegt un isch drno wider d'Furch z'ruck zum Wage komme.

»Bisch du noch ganz bache?« het si dr Mann gfrogt. »Was witt denn?« het seller gsait un het d'Säck nomol abzehlt. »Bruchsch nit zehle«, het d'Frau gsait. »Diä g'höre nämlig nit uns!« Wo-n'r lut glacht het, het si mit dr Hand d'Furch entlang noch-em Lochestein ditte. »Du bisch ufem Nochber sinnem Acker un hesch sellem sinni Epfili rabgmacht. Dert driwe fangt unser Acker an. Selli rote Epfili dert, selli wo so schön in dr Sunn leichte, selli ghöre uns!«

Was mr jetz denn mache sott, het'r ganz vrgelschtert

gfrogt un het gmeint, daß'r jo d'Epfili nimmi an d'Baim vum Nochber nufhänke könnt.

»Mache?« het d'Frau gsait un het glacht. »Gell, wenn'r nimmi widerscht wisse, ihr Mannsbilder, ihr vrdrillti, drno simmir Wiiwer räscht. Mache? Daß i nit lach!« Jetz het si bigott glacht. »Jetz fahre mr heim mitsamt denne Epfili. Du gehsch gli zum Nochber un duesch-em alles expliziäre. Drno soll drsell uf unser Acker fahre un unseri Epfili fir sich rabmache. Vrstehsch?«

So hänn si's drno gmacht. Seller Nochber isch e gueter Nochber gsin un het au glacht. »Awer jo niemends des vrrote«, het'r gsait, »sunscht komme-n'r in's Fasentsblättli!« E paar Dag später het dr Nochber selli Epfili rabgmacht, selli wo-n-em jo gar nit ghört hänn. Am Steffisdag het'r bi-ne an dr Huustür gschellt un het gfrogt, ob'r jetz bi's Nochbers selli Epfili, zue selle wo-n'r Ringkiisili gsait het, emol am Chrischbaum anluege derft, demit 'r wengschens eimol sinni Epfili sieht. Si hänn-em e Likörli ingschenkt un d'Frau het-em e Äschtli mit-eme Ringkiisili dran vum Baum abgschnitte. Will'r doch so e gueter Nochber isch gsin un demit'r nix verrotet.

Dr Wihnachtstraum

»Mir wäre e griäni Wihnachte kriäge«, het minni Frau gsait, wo-n-i nus uf d'Terrass bin, ge dr Chrischbaum in dr Ständer z'mache. Sit'r e paar Dag hämmer denne Chrischbaum dert drusse-n-im Eckli stehn ghet, demit'r het abtropfe könne. Wo mr-ne uf-em Chrischbaummärkt kauft hänn, het's nämlig so arg gregent un drzwische wider e bissili gschneit, daß alles numme so tropft het. Jetz isch's uf eimol badwarm gsin. I hab dr Chrischbaum unte e bissili zuegspitzt, daß'r in sell Loch vum iiserne Ständer nibasst het. Drno hawi-ne festgschruubt un hab d'Äschtli usenanderdruckt. I hab dr Baum im Ständer nintrage in d'Stub, dert wo minni Frau schun 's Tischli mit-ere wisse Salvet abdeckt ghet het. I hab dr Baum drufgstellt un bin e Schritt z'ruck, um ze priäfe, ob'r grad steht. In dämm Moment isch-e Schmetterling us-em Baum rus uf dr öwerscht Ascht klettert un het dert angfange, mit sinne Fligili z'flattere. »Frau, komm schnell, e Schmetterling!« hawi in d'Kuchi nus briält, un d'Frau het fascht dr Teller keije lehn. Drno simmir zwei vor dem griäne, ungschmickte Chrischbaimli gstande und hänn sellem Pfaueaug zuegluegt, wiä-n'r sinni Fligel prowiärt het. Immer meh het'r gflattert. Uf eimol isch'r durch unseri Wohnstub gfloge.

»Des isch e Traum«, het minni Frau gsait. Jo, hawi denkt, des isch-e Traum vum Friähjohr mitte-n-im Winter. Usgrechent am Heilige Owend wurd'r uns vorgaukelt. I hab dr Schmetterling uf e Babierli gschowe un hab-ne nustreit in dr Garde. Dert leit'r wiä-n-e schrumpligs Blatt un wartet uf's Friähjohr.

Nimmi lang warte het selli Frau im Städtli könne,

sellere wo erscht am Nomiddag vum Heilige Owend ingfalle-n-isch, daß sie jo vrgesse ghet, het e Chrischbaimli z'kaufe. »Lueg, ob de amenort noch e Baimli krägsch«, het si zum Hämme, der wo ihre Mann isch, gsait un hetem e paar Märkli fir's Baimli gänn.

Dr Hämme het selli Märkli im Hosesack gspiirt, wo-n-r am »Rebstöckli« vorbeigange-n-isch. Wills kalt gsin isch, daß-es em alles zämmezoge het, het'r denkt, 'r könnt e Griesewässerli oder e Rossler trinke. Nadierlig sin in dr Wirtsstub noch sinni Freind ghuckt un hänn grad iwer's Rothuus dischkeriärt. Do derfsch nit fehle, het dr Hämme denkt un het sich fir e Wiili an dr Tisch ghuckt. Numme-n-e Wiili, het'r zue sich selwer gsait. Z'erscht het'r sich dr Rossler gege d'Kälti un drno e Viertili gege d'Wärmi gänn lehn, selli wo jetz dr Rossler in sinnem Buch gschaffe ghet het. Si hänn gschwätzt un am Viertili gsirpfelt, hänn 's Städtli vrändert un am Wiinli gschleckt, hänn 's Rothuus verbessert un am Viertili gschlotzt un hänn flissig »Proscht« zuenander gsait.

Wo dr Hämme später us-em »Rebstöckli« nus isch, het'r schun uf dr Stapfel gspiirt, daß-es mit dr Balangs nimmi so arg witt her isch. Drheim het'r d'Balangs drno ganz vrlore. »Wo hesch dr Chrischbaum?« het sinni Frau spitzig gfrogt un het d'Ärm in ihri Tallje gstemmt. Heiliger Bimbam, het dr Hämme denkt un het sich schnell am Tisch ghowe. »Heiliger Bimbam!« het do sinni Frau gsait, wiä wenn si Gedanke lese könnt. »Was mache mr jetzt? E Wihnachte ohni Baimli, des isch wiä Oschtere ohni Nescht. Hesch wengschens 's Geld noch, hä?«

Do het dr Hämme sinni Balangs wider geht. »Loß mi numme mache«, het'r gsait un isch nus in dr Garde. Dert hets jo keini Tannebaimli ghet. Deswege het'r vun sellere

große, dirre Heck e ganzer Bundel Äscht abschnitte un het si drno im Keller in dr groß Schmalzhafe gsteckt. 'r het des Wihnachtswunder in d'Stub trage, het's uf dr Tisch fir dr Chrischbaum gstellt un het dr Schmalzhafe z'erscht emol mit Wasser gfillt. Drno het'r Zuckerbrötli an diä Äschtli ghänkt, het Engili un Epfili drzue un het au noch Lametta dran gschmisse. Sogar Kerzli het'r anbunde kriägt, daß mr si het anzinde könne.

»Du bisch doch e Saddan«, het sinni Frau zuem gsait, wo si diä Bscherung im Schmalzhafe bewundert het. »Hör emol«, het dr Hämme do gsait, »Saddan derf mr so kurz vor-em Heilige Owend nit sage. Do derf mr bloß gueti Wörter ins Muhl nämme.« Jetz het'r d'Kerzli anzindet un het zue sinnere Frau gsait, si sott e Liädli singe. Awer selli het gmeint, vor so-neme Schmalzhafechrischbaum däit si keini Wihnachtsliäder singe. Änneweg het si im Hämme e Schmutz un drno sogar d'Gschenkr gänn. »Waisch«, het'r gsait, »wämmer e Wiili warte un immer guet Wasser in dr Schmalzhafe schitte, drno wurrsch's erlewe, daß unser Chrischbaum noch tribt un usschlagt. Der wurd bliähje, mitte-n-im Winter!«

Uf diä Art hänn dr Hämme un sinni Frau 's Friähjohr in d'Wihnachtsstub bekomme, ganz ohni Schmetterling.

Worterklärungen

(frz. = französisch)

A-ba (frz. pas)	Nein
Abee, Abtritt	WC, Gülle
ä	ein
ä-hä!	Ja!
abschaiwle	abfertigen, fortjagen
abschmiäre	verhauen
Adje (frz. Adieu)	Auf-Wiedersehen!
Aigli	Äuglein
äks-gähwili	Spottender Kinderruf, wie etwa »Ätsch!«
Äschepflüdderli	Nesthäkchen
allärd (frz. alerte)	aufgeweckt, wachsam
alleritt	oft, dauernd
allewiil	immer
Amelbeere	Sauerkirschen
amend	etwa
amenort	irgendwo
Amlett	Omelett, Pfannkuchen
amm'r	an mir
andoobe	anbieten, anschmusen
änneweg	trotzdem, dennoch
Ärwet	Arbeit (I hab Ärwet = es fällt mir gar nicht ein)
ase, vun ase	gerade so
Babbe	Vater, Papa
Babbedeckel	Karton
Bäbb, bäbbe	Klebstoff, kleben
bäbbig	klebrig
bache, Bachofe	backen, Backofen
badde, 's baddet	gelingen, von Erfolg begleitet sein, es gelingt
bäfzge, bäfze	kritisieren, dazwischenreden
Baim	Bäume
bamble	schludern, hängen lassen
bämmere	klopfen, schlagen
barahd	bereit
barriäre	gehorchen, parieren

bäschle	basteln
bätsche	klatschen, zuschlagen
Beck	Bäcker
Bettzittlitte	Betzeit-Läuten
Biewli	Bübchen
bibble	mit dem Finger kratzen, z. B. am Teig, am Brot usw.
Bibbili	Küken
Bibiliskäs	Quark
Bichli	Bäuchlein
Bickili	kleine Erhebung, kleiner Buckel
Biini	Dachboden
Biire	Birnen (diä Biire sin gschittelt = dieser Fall ist erledigt)
Biiri	Bauersfrau
bigoscht!	bei Gott!
bisch	bist du (bisch do? = bist du da?)
Blämbe	Abzeichen, Orden
Blädrli, Bloodr	Bläschen, Blase
bloose	blasen
bludd	nackt, bloß
Bludde	der nackte Hintern
Blueme, Bliämli	Blumen, Blümchen
Bolle	Kugel, rundes Materialstück
botte	geboten
Brägel	Kartoffelgericht (do hesch dr Brägel = Ausruf, wenn etwas schief ging, wie etwa: »da hast du den Salat«)
Brägili	gebratene Kartoffeln oder Teigwaren
Brämme	Bremsen (Insekten)
Bretschel	Brezel
briädlig	brütend
Briäh	Brühe
briäle	schreien, laut reden
Britsch	ein beleidigtes Gesicht machen
broode	braten
Broodis	Braten
broozle	langsam braten
bruche	brauchen, benötigen
bruddle	maulen, vor sich hinreden
Bruddli	griesgrämiger Mensch

bruun	braun
Brutt	Braut
Bscheid duen	zuprosten
Bubb, Bubbili, Bibbli	Puppe, Püppchen
Buch, Bich	Bauch, Bäuche
Buddel (frz. bouteille)	Flasche
Bue, Buewe	Bub, Junge, Buben
Buech	Buch
Buttrflade	Butterbrot
butzt un gstrählt	geputzt und gestrählt = alles erreicht
Buur, Buurehiisli	Bauer, Bauernhäuschen
d'	die
daguff	wendig, flink, aufgeweckt
Daig	Teig
Dambis	Rausch
dänne	diesen, den (nimm dänne = nimm diesen)
dätsch	würdest du
deewerä	toben, schimpfen
Deets (frz. tête)	Kopf
derf	darf
Dille	dickes Brett
Dirrhäddili	schlankes, mageres Frauenzimmer
Dirrlisgiigr	magerer, hagerer Mann
dirmelig	schwindelig, taumelnd
dischkeriäre	diskutieren
ditsch, Ditschr	deutsch, Deutscher
dodrfir	dafür
dogsin	da gewesen
dohinne	hier drinnen
doon	getan
Doobe	Finger, Hand
dorum	daher, deshalb
dozemol	damals
dr	der
draime	träumen
drheim	daheim
drille, Drillr	drehen, Griff zum Drehen
driwe	drüben
driweliäre	drängen, antreiben
drizeh	dreizehn
drnäwe	daneben

drsell	jener
drummle	trommeln
drwiil, drwiilschd	während, derweil
duen, duet	tun, tut
dummle	beeilen
Dunnerschtig	Donnerstag
duschuhr (frz. toujours)	immer, stets
dußmah (frz. doucement)	langsam, leise, bedächtig, sanft
Duume	Daumen
Duwak	Tabak
ebbis, ebbs	etwa
ebb'r	jemand
eben'r, ebene	ungefähr, etwas
Eel	Öl
ehnder	ehe
elleinig	allein
Epfel	Apfel
ere	ihr (gib-ere = gib ihr)
eschoffiäre (frz. échauffe)	erregen, erhitzen
Fangerlis	Fangen spielen
Fiäß	Füße
Fiige	Feigen
Fiir	Feuer
Fiirdig	Feiertag
Fiirowe	Feierabend
fimf	fünf
firschi	vorwärts, voran
Fisasch (frz. visage)	Gesicht
Fischt	Fäuste
Flade	bestrichenes Brot (Buttrflade, Schleckliflade = Marmeladebrot)
Freid	Freude
Fridig	Freitag
gähl	gelb
Gällruewe	Gelberüben, Karotten
gaddig	besonders, qualitätvoll, ordentlich
gähwiädig	jähzornig, wütend
Gail	Gäule, Pferde
Gällbittl	Geldbeutel
gänn	gegeben ('r het mr's gänn = er hat mir's gegeben)

Gebelfer	Schimpferei
Gebruddel	Gemurmel, Gebrumm
Geißel	Peitsche
geschdert	gestern
Gfräß	griesgrämiges Gesicht
ghäb	dicht an, nahe bei, jäh
g'het	gehabt
git	gibt
Gittrli, Guttr	Fläschlein, Korbflasche
gleit	gelegen
G'lischte	Gelüste
glitte	geläutet
gloffe	gelaufen
Gluckeri	Henne mit Küken
gnue	genug
Gosch	Mund (derb)
Graddl (frz. grade)	Einbildung, Stolz ('r het ä Graddl)
griän	grün
Griesewässerli (frz. cerise)	Kirschwasser
g'roote	geraten, geglückt
grueschtle	suchen, kramen, wühlen
Grumbiire	Kartoffeln (Grundbirnen),
Grumbiiresupp	Kartoffelsuppe
grumslig	brummlig
gsait	gesagt
gsin	gewesen (wo mir gsin sin = wo wir gewesen sind)
gschwellt	gekocht
guuge	schaukeln
Guller	Hahn
Gutter	dicke Flasche
hä-ä!	Nein!
Häfili	Töpfchen
Häftlismachr	einer, der alles sehr genau nimmt
hälinge	jäh, plötzlich, heimlich
Hämm, Hämmder	Hemd, Hemden
Hämme	Wilhelm
hämm'r	haben wir
hänke	hängen
hänn'r	habt ihr
Heidebritsch	(Ausruf des Erstaunens)
Heibere	Heidelbeeren

het	hat
het-em	hat ihm
Herdepfl	Kartoffel (Erdapfel)
hesch-en	hast du ihn (hesch-en gsehn? = hast du ihn gesehen?)
hewe, g'hebt	halten, gehalten
hiele	heulen, weinen
hiirote	heiraten
Hiisli	Häuschen
Hind, Hindli	Hunde, Hündchen
hindrefir	durcheinander
hinmache	zerstören
hinterschi	rückwärts
hit	heute
hitzedags	heute, heutzutags
Hooke	Haken
Hoor	Haar
Hornigle	Kribbeln in den Fingern bei sehr kaltem Wetter
Hosesack	Hosentasche
hucke	sitzen, hocken
Huck'r	einer, der gerne lange sitzen bleibt
Huch	Hauch
huddle	etwas überstürzen, beeilen
Huffe, Hiffli	Haufen, Häufchen
Huus, Hiisr	Haus, Häuser
Hutt	Haut
ich	uns (komme zu-n-ich = kommt zu uns)
im-e	in einem
Inne	Ihnen
Iis	Eis
Iise	Eisen
iwr	über
iwrzwerch	verdreht, verkehrt
iwrig	übrig
Kaib, Kaiwe	Kerl, Bursche, Burschen
Kaiweziigs	Ein Gegenstand oder eine Sache, die schwer zu beherrschen, zu verstehen oder zu handhaben ist (etwa »Teufelszeug«)

kalfaktere	schlecht machen, zögern
khäb	knapp, dicht
käswiß	käsweiß
Kapp	Mütze, Kappe
keije	fallen
Keschdebaim	Kastanienbäume
kiddere	kichern
Kiigili	Kügelchen
Kitsche	zusammenstoßen
Klefeeri	schlauer, gewitzter Kerl
klepfe	knallen
Knöpfli	Teigware (dicker als Spätzle)
knubbe	stoßen, schubsen
knuddle	zerren, knittern
knuddlig	zerknittert
Kratte	geflochtener Korb
kriäge	bekommen, erhalten
kriz	Kreuz
Krott	Kröte
Kuchi	Küche
Kuchikänschterli	Küchenschränkchen
Kuddle, Kuddel	Gedärm, Darm
kuhm	kaum
Läbdag	Lebtag, Betrieb, Umtrieb
Lafehd	Gesicht
Läfzä	Lippen
lambe (frz. lambiner)	hängen lassen, trödeln, schlaff sein
lamentiäre (frz. lamenter)	jammern, klagen, lamentieren
lanze	erreichen, ankommen (Bi dämm kannsch nit lanze = bei dem kannst du nicht ankommen)
Lätsch	beleidigtes Gesicht
lätz	falsch, verkehrt
Leime	Lehm, Löß
Lewe	Leben
lehn	lassen
lehre	lernen
leije	liegen
liädrig	schlecht, liederlich
liäwr	lieber
liislig	leise
linzä	schauen, scharf beobachten

Lit, Littli	Leute, Leutchen
litte	läuten
loschore	heimlich horchen, lauschen
luege	schauen
lummerig	locker, lose, wackelig
luschdere	lauschen, horchen
lutt	laut
Madam	Frau, Madame
Maidli	Mädchen
Mamme	Mutter
mampfe	kauen
Mändig	Montag
Metzig, Metzg'd, g'metzg'd	Metzgerei, gemetzigt = geschlachtet
Miädere	Mütter
miän	müssen (mr miän = wir müssen)
Micksrli	Muckser, kleiner Ton
Moggl, Möggili	Klumpen, Klümpchen
Mölli	Kopf
mole	malen
Monet	Monat
mornemorje, mornemorn	morgen früh
muesch	mußt (du muesch = du mußt)
Muhl	Maul, Mund (derb)
mungig	schlecht gelaunt
Murr	Gebäck
Muur, Miirli	Mauer, Mäuerchen
nab	hinab
Nähdi	Nähe
nadierlig	natürlich
naihje	nähen
näxe	herumdrücken
niämeds	niemand
niänends	nirgendwo
niähle	wühlen
Nickel	Geldstück
niin	neun
nimmi	nicht mehr
Nochber	Nachbar
noddle	rütteln
nomeh	noch mehr

Nomiddag	Nachmittag
nonit	noch nicht
noot	nahe
numme	nur, bloß
Oder, Odere	Ader, Adern
Oh-lätz-mattis!	Ausruf, wie: »O Schreck laß nach!«
Omeise	Ameisen
ordenanzmäßig	tüchtig, kräftig
Owe, owends	Abend, abends
Päper	Trompete
päpere	trompeten, trinken
pfiffe	pfeifen
Pfiffli	Pfeifchen
Pfiffedeckel	Pfeifendeckel (Jo, Pfiffedeckel! Ausruf wie etwa: »denkste!«)
Pfipfis	Schnupfen
Pfludde	Klacks
Pfuddle	Pferdeäpfel
pfupfere	plagen, drücken
pfuuse	zischen, hörbar ausatmen, nach dem Aufwachen noch etwas dösen
plärre (frz. pleurer)	weinen
Plotzer, plotze	Kirschkuchen, stürzen
Pumpje (frz. Pompiers)	Feuerwehr
rabbisse	abbeißen
rääs	scharf
Rämbe	großes Stück Brot usw.
Ränzli	Bäuchlein
Rank	Wegebiegung
räscht	richtig, ordentlich
raiwere	räubern, stehlen
Rauhm	Rahm
rawoose	toben, herumtollen
Regard (frz. regard)	Respekt, Angst
Riäd	Ried, Rheinebene
riäwig	ruhig
risse	reißen
riiwe	reiben
Rossler	Schnaps von Topinambur
Root	Rat
rumdappe	herumspazieren, tappen

Sackmesser	Taschenmesser
Samschdig	Samstag
Schaltkarch	Schubkarren
Schattek	Schimpfnamen für eine Frau
schäbb	schief, krumm
Schermuus	Wühlmaus
Schell	Glocke
schelle	läuten
Schiibli	Scheibchen
Schiifili	Schäufele
Schlaudrikauz	schwer definierbares Essen
Schlämpe	Streifen
schlei	ungesalzen
Schleckli	Marmelade
Schleckliflade	Marmeladebrot
Schluch, Schlich	Schlauch, Schläuche
schmecke	riechen, munden, duften
Schnellerli	Murmel
Schnurr	Mund
schnuufe	schnaufen
schnaigig	wählerisch
Schruub	Schraube
schu	schon
schuggern	frösteln
Schugger	Schubser
Schunke	Schinken
saije	säen
se!	Hier! Da!
Seijr	Sieb
sellr, selli	jener, jene
sellemols	damals
sessa	so ist es (frz. c'est ça!)
Sigar	Zigarre
similiäre	nachdenken, brüten
sirpfle	behaglich schlürfen
sit	seit
sitt'r	seitdem
siwe	sieben
sonigi	solche
sott, sotte	sollte, sollten
Sousbrötli	Brötchen, das 1 Sous kostete
spaue	spucken
Specksome	(Specksamen = Ferkel)

spicke	staunen
Sputzig	Speichel
spaniife	aufmerksam horchen
stibbere, Stibbr	stützen, Stütze
Storg, Storgedurm	Storch, Storchenturm
Strähl	Kamm
Strauh	Stroh
Struß	Strauß
Stubb	Stube, gutes Zimmer
suffe	saufen
Sunndig	Sonntag
sunscht	sonst
Surrkrutt	Sauerkraut
suuge	saugen
suur	sauer
Suurgriäsili	Sauerkirschen
trickle	trocknen
triweliäre	antreiben, ungeduldig sein
Trottwar (frz. trottoir)	Gehweg
ufbasse	aufpassen, acht geben
ufghebbt	aufgehoben
umenandr	umher
umkeit	loß mi umkeit = laß mich in Ruhe
usbiddle	jemand ausnehmen
uspfuuse	nach dem Aufwachen noch etwas dösen
uß'r	außer
Vierlig, Viertili	Viertel, Viertel
vorusse	draußen
vrblämberä	vergeuden
vrbritsche	verhauen
vrbrotzle	zu stark gebraten, anbrennen
vrdolwe	etwas verderben
vrgelschdere	erschrecken, verstören
vrgrote	mißraten
vrgnuuse	ertragen, leiden (i kann-en nit vrgnuuse = ich mag ihn nicht leiden)
vrhobasse	verderben, versäumen
vrhohnebibble	aufziehen, ärgern, verhöhnen

vrknuddelt	zerknittert
vrliggere	erspähen
vrzehle	erzählen, berichten
vrzettle	verteilen, streuen, spreiten
Wäfz'g	Wespe
wägge, wägge-worum	weshalb, warum denn
wämm'r	wenn wir
wäsche	waschen
welle	wollen
welleweg, wellewegs	trotzdem, deshalb
wengschens	wenigstens
wief (frz. vif)	lebhaft, lebendig
Wiid	Weide
Wiili	Weilchen
Wiihnachte	Weihnachten
Wiin	Wein
Wiiwr	Weiber, Frauen
wiß	weiß
wore	worden
wott, wottsch	wollt, wolltest
wuehle	fest arbeiten
wurd	wird ('s wurd kalt)
wurr	werde (i wurr sähn = ich werde sehen, du wurrsch's sähn)
wuschbr	munter, lebhaft
zammekeije	zusammenstürzen
Zeedel	Zettel
Ziig	Zeug
zinsle	zündeln
zipfelsinnig	durcheinander, nervös
Zischdig	Dienstag
Zit, Zitte	Zeit, Zeiten
zuebämmere	zuschlagen
Zwelfi	zwölf Uhr